（資料A：2007年頃撮影）

オオタ・ダット
インビクター R
ハップモデル
浜松号

多摩川スピードウェイ風景画

作者：日向野隆三（ひがの りゅうぞう）氏　昭和10年（1935年）川崎市生まれ。

「全日本自動車競走大会」のレース模様を作画した作者は、大田区丸子橋近くで育ち、大学を卒業後に本田技研工業に入社され、研究所でオートバイや耕運機、発電機などの産業機械のデザインをほぼ定年まで担当されました。
多摩川は、幼い頃の思い出の土地でありましたが、ここに日本初の常設サーキットがあったことを知ったのは定年後しばらくしてのこと。そして更に、この場所が作者にとって縁の深い、本田技研工業の創業者である本田宗一郎が夢に向かう“原点”であったことを知り、この記念すべき場所である多摩川スピードウェイをもっと多くの方々に知ってもらいたいと考え、この作品を手がけたそうです。作画にあたっては現地に何度も行き、写真を何枚も撮影して接合（資料A）、それをベースにして当時の雰囲気を表現するため、レース場のいたるところまで書き込まれています。さらに当時の観客などの様子も描かれているので、戦前の風俗も感じることができるでしょう。また作者は、日本が工業化を図るための一翼を担った場所として、この地が自動車界において「歴史産業遺産」などに指定されることを強く望んでおられます。

History of Auto Racing in Japan; Mainly in Tamagawa Speedway 1915–1950

日本の自動車レース史
多摩川スピードウェイを中心として

大正4年（1915年）－昭和25年（1950年）

トヨタ博物館元館長
杉浦孝彦
Takahiko Sugiura

MIKI PRESS
三樹書房

本書刊行に寄せて

1936年（昭和11）新設された多摩川スピードウェイで第1回全日本自動車競走会が開催されて、2016年で80年を迎える。それを機に有志の方々が「多摩川スピードウェイの会」を結成し、当地に記念碑プレートを設置するなどの顕彰活動が行われ、また写真展・トークイベントも実施された。多摩川スピードウェイは、日本のモータースポーツ発祥の地であり、日本の基幹産業となった自動車に関する数少ない産業遺産なのである。

本書は、この多摩川スピードウェイの会の活動を通じて集まった、関係者からの写真資料や当時活躍された親族の方の回顧録を、著者である杉浦氏が後世に残そうと纏められたもので、先人が苦労して築き上げげた足跡を後世に伝えようとする貴重なアーカイブズである。

自動車レースは、自動車の技術的な発展また社会的な普及において、きわめて大きな役割を果たしてきた。特に自動車黎明期においては、まだ実用レベルにない自動車の性能向上や自動車の社会的認知を広げる唯一の手段であった。

世界最初の自動車レースは、カール・ベンツやゴットリープ・ダイムラーらによるガソリン自動車誕生から10年も経たない1894年にフランスで行われている。生まれたばかりのガソリン自動車は、蒸気自動車らと競って1位となりその可能性を示したが、レースそのものも路上の機械の問題を確実に早期に解決に導く、と評価されたのである。翌1895年にはフランス自動車クラブ（ACF）が設立され、パリーボルドー間1200kmの本格的なレースが行われ、ミシュラン兄弟が空気入りタイヤを装着したガソリン自動車で参加するなど、レースを通じて自動車発展の試行錯誤が様々に展開され、今日に繋がっているのである。

レースがあったからこそ、その競い合いのなかで新しい技術やノウハウが開発、テストされ、自動車は見事に成長し、社会に受け入れられてきたのである。

日本においても、1902年（明治35）4月5日に日本最初の輸入自動車販売店であるモーター商会の松井民次郎が、自社の自動車数台による公開レースを上野不忍池で行っている。初めて日本に自動車が渡来したのが1898年（明治31）のことだから、まだ欧米でも始まったばかりの自動車の社会的普及が、日本でも遅れることなく始まっていたのである。

とは言っても、当時の日本の状況では一部の富裕層や自動車愛好家の個人的な趣味に留まっており、レース車も欧米の高性能車を入手したり、その中古車を改造する程度であった。大正半ばになると、たびたび自動車競走会が開催されるようになったが、レース会場は東京を中心に大阪、名古屋と定まらず、コース・コンディションも粗悪な会場が多く、場当たり的な開催であった。またレースの中心は欧米車であったが、わずかに国産車も製造が始まっており、白楊社のオートモ号は当時のレースで欧米車と1位、2位を争う成績を残している。

一方、ACFのような自動車団体は自動車を発展させる大きな役割を担ったが、日本においても1922年（大正11）アメリカから帰国した藤本軍次氏を中心として結成された「日本自動車競走倶楽部」の存在が大きい。メンバーを見ると東京を中心とした日本自動車史に残るキーパーソンとなる技術者や関係者が、数多く参加している。彼らのほとんどが1900年前後生まれの同世代で、お互いに面識を持つ間柄だったのだろう。当時、国産自動車の本格的な量産はできなくても、これらの自動車競走を通じて、国産自動車産業の裾野を広げる礎・役割を果たしたのである。

1936年（昭和11）には日本初の常設の本格的レース場「多摩川スピードウェイ」が完成し、距離は全周1200mと短いものの、常時、自動車競走ができる器が整った。この頃には、オオタやダットサン・レーサーの国産小型レーサーが参戦し、大型・高性能な欧米車と同じ舞台に立った。それまで外車だけのいわゆる借り物レースから、国産小型車レーサーの性能競争に一歩踏み出した。

戦争での中断のあと、1950年に自動車産業の振興と、車券収益による地方財政の改善を目的とした「小型自動車競走法」が立法化された。この法案をきっかけにして高速機関工業のオオタ・レーサーと東京日産、東京・愛知トヨタのレーサーが性能を競い合う。機構・メカニズム的には量産車の改造レベルだが、欧米の小型スポーツカーと互角に競走し、人々の関心を盛り上げた。

しかし、戦後の自動車メーカーのほとんどは自社の復興でレース参戦の余力がなく、また本格的にレース参戦するのは、戦前の多摩川スピードウェイのレースにもドライバーとして参加した本田宗一郎氏が作った、鈴鹿サーキットでの1963年（昭和38）第1回日本グランプリレースとなる。

自動車大国となって久しい日本自動車産業。本書によって、そのモータースポーツの歴史の中に、先人達の熱き思いをあらためて心に留めたい。

国立科学博物館　鈴木一義

目　次

▩レースの楽しさ厳しさ　本田宗一郎談　1962年（昭和37年）／106

7　多摩川スピードウェイの想い出（寄稿）……………………………… 107

祖父　藤本軍次のこと　東京大学経済学部　ものづくり経営センター　藤本　隆宏／108

多摩川スピードウェイと太田祐雄　タマチ工業　取締役会長　太田　邦博／110

父　片山豊と多摩川スピードウェイの記憶　多摩川スピードウェイの会　会長　片山　光夫／112

父　小早川元治の心を虜にしたMGK3マグネット　モータージャーナリスト　小早川隆治／114

祖父　川越豊と全日本自動車競走大会　福田眼科（大船）院長　福田　匠／116

浜家に来たグランプリ・ブガッティ　HAMA STUDIO所長　浜　素紀／118

ホンダカーチス号と日本クラシックカークラブ初代会長、
浜徳太郎との由来　HAMA STUDIO所長　浜　素紀／120

日産モータースポーツも「多摩川」発祥　日産自動車株式会社 グローバルブランドエンゲージメント部　中山　竜二／122

多摩川スピードウェイへの個人的な想い　多摩川スピードウェイの会　副会長　小林　大樹／124

8　今に生き残ったレーサーたち……………………………… 126

9　年表　日本の自動車レース史・戦前編……………………………… 130

10　レース・リザルト（戦績表）……………………………… 132

11　多摩川スピードウェイの跡地……………………………… 142

12　日本自動車競走倶楽部会則・競技規則 他……………………………… 143

1　日本での自動車競走のはじまり　黎明期

■自動車と飛行機との競走から、日本初の自動車レース開催（1915年～）

自動車そのものが庶民には馴染みのない明治～大正初期、大倉財閥の2代目の大倉喜七郎氏をはじめとする、ごく少数の富裕層の人々が自動車を楽しんだ。大倉喜七郎氏は1907（明治40）年、英国留学中にブルックランズ自動車レースに出場、2位に入賞した。そして帰国時にフィアット、イソッタなど5台の自動車を持ち帰る。彼は日本自働車倶楽部（以後日本自動車倶楽部に改称）の発足などに尽力、日本の自動車発展の功労者であった。

1911（明治44）年5月、大倉喜七郎氏は川崎競馬場の有料イベントで、大倉氏のフィアット・レーサー100馬力と米国人飛行家パット・マース氏の複葉機と競走した。自動車が勝ったとはいえ、サーカス的な余興・興行であった。この頃は、自動車と飛行機が時速70～80kmの速度で、エンジン自体も良く似たガソリンエンジンを搭載し、混在した競争が成立した時代であるといえる。

当時、4輪車より2輪車レースに人気があり、1912（大正元）年に第1回自動自転車競走が、阪神鳴尾競馬場で開催され、2万人の観客を集める興行だった。

1915（大正4）年10月、東京自動車及自動自転車競技会（目黒競馬場）で、上野・大正博覧会を記念して日本初の自動車レース興行が開催された。自動車競走の参加者は在米日本人で、自動車は彼らの持参した一流の純レーサーであったが、なぜかあまり人気は出なかった。その頃一般の観客は、競輪やオートバイレースには親しみがあっても、自動車自体に馴染みがなかったからである。結局、レースを企画、実施した在米日本人は、以後レースを続けることをあきらめ、持参の米国製純レーサーを日本の愛好家の野沢三喜三氏（輸入業者）に4台全てを売り、帰国してしまった。野沢氏は、父の創立した「野沢組」の横浜支店で当時珍しかった自転車の輸入を皮切りに、オートバイ、自動車を輸入。同社のロンドン支店に長期滞在している。後年には伊藤忠自動車会社の事業も手掛けた。

欧米では、貴族や富裕な人たちの移動の道具として乗用馬車が発達し、自動車もその延長であったといえる。特に、欧州では単なる移動の道具ではなく、趣味性を求めた馬車愛好クラブや乗馬クラブがあり、同様に自動車クラブも誕生、自動車レースも盛んに行なわれた。

しかし、日本は人力の大八車や水上交通などが発達していて、馬車の文化が無く、自動車は"実用の道具"（トラック、バス）として海外から入ってきたのである。

この日本初の自動車レース興行が開催された後、数年は日本での自動車競走は行なわれず、後年、日本自動車史に残る内山駒之助氏、野沢三喜三氏、豊川順彌氏、太田祐雄氏、榊原郁三氏などの愛好家が主に米国レーサーを購入し改造などを行ない、個人的な趣味として自動車競走を醸成していった。

1907（明治40）年6月17日の英国ブルックランズでのレースに出場して2位に入賞した大倉喜七郎氏とフィアットを伝える新聞記事より。その後自動車5台と共に帰国し、自動車輸入会社の「日本自動車」を設立。1922（大正11）年以降、父親に代わり帝国ホテル会長、また1962（昭和37）年にはホテルオークラを設立するなど、日本のホテル業にも影響を与えた大倉財閥の2代目。

大倉喜七郎氏のフィアット100馬力と米国人パット・マース氏の飛行機の競走。数秒の差で大倉氏のフィアットが勝ったと報じられた。大倉喜七郎氏は1907年、英ブルックランズ・サーキット36マイルレースにて、フィアット100馬力で2位となる。（1911年5月2日）川崎競馬場跡にて。　出典：グラヒック（1912年3月20日）

日本で初めての自動車レース「自動車大競走会」。主催は米国日本人自動車研究会。目黒競馬場にて。砂塵をまき散らしながら走るNo.3 スタッツ、No.2 マーサー。（1915年10月16、17日）　出典：時事新報

2　日本自動車競走大会(その1)　萌芽期

■日本自動車競走倶楽部が発足、本格的な自動車競走が始まる(1922年〜)

1922(大正11)年、米国で自動車販売代理店を営んでいた藤本軍次氏が、取り扱う米国メーカーの相次ぐ倒産や排日運動のため、米国車レーサーのハドソンとともに帰国した。氏は1909(明治42)年に完成した本格的なインディアナポリス自動車レース場をきっかけとして、欧州車に比べ性能が劣っていた米国車レーサーの性能が向上していく様子を肌で知り、日本の自動車業界の発展のためにも自動車レースや本格的な専用レース場の必要性を感じていた。

帰国後、藤本氏は日本の自動車レース開催実現の中心人物となる。帰国のその年、藤本氏は自動車競走への関心を高めるために、故郷の下関〜東京間の急行列車との競走を報知新聞主催で行なったが、日本の道路事情が極悪で完敗した。

さらに翌月、「日本自動車競走倶楽部(NARC)」を、後に自動車競走の仲間となる内山駒之助氏、菅原俊雄氏、太田祐雄氏、野沢三喜三氏、屋井三郎氏らと共に設立した。主要なメンバーは、東京市内の技術力のあるエンジニアや会社であり、彼らは既に互いに面識を持つ間柄であった。

当初、日本自動車競走倶楽部は個人的なレースの団体の構想であったが、個人レースでは意味がないと、当時の報知新聞社・煙山企画部長のアドバイスで日本自動車競走倶楽部の活動目的は、一般にも解放された公共のレースというコンセプトが定まった。煙山氏は1923年に芝浦に放送局を作り、上野の博覧会から日本初のラジオ放送を行なった人でもある。報知新聞社はその後も、この日本自動車競走倶楽部をバックアップしていくことになる。

1922(大正11)年頃になると日本(東京)では、米国車を中心に輸入車も増え、日本の自動車会社でも小規模ながら国産自動車が製造され、人々が次第に自動車を身近に感じられるようになってきた。

1922年11月、記念すべき第1回自動車大競走が洲崎埋立地ダートコース(現在の江東区)で開催された。参加車は当時の一流レーサーが7台勢ぞろいしたが、警察からの指示で、同時にスタートして競走する通常のレース形式ではなく、やむなく1台ずつ走行して時間を計測するタイムレースとなったが、日本ではまだ自動車レースの意味さえ理解されていなかった。それでも、藤本軍次氏をはじめとする参加者は挫折せず、次々とレースを開催していく。

関東地区の立川飛行場、神奈川の鶴見や大阪城東練兵場や名古屋練兵場など11回ほど開催されたと記述があるが、主催者や出場車など不明な部分が多く、現在では正確にわからない。特に1925年洲崎埋立地で開催された日本自動車競走大会で国産の「オートモ・レーサー」は予選1位、決勝2位と大健闘した(決勝レースではアート商会のカーチス号が優勝している)。ぬかるんだコースに外国の重量級レーサーが大苦戦する中、軽量さを生かしたオートモ号の活躍で観客らは沸いた。また、その後輸入車を修理する工場スタッフも、自ら修理・改造した車でレースに参加するようになっていった。

しかし、1926(大正15)年各地での巡業興行や不満足なレースコンディションにより、レース参加者から不満が出て、レースは当面開催されなかった。

そして約10年ぶりの1934(昭和9)年に、本格的な自動車レースの全日本自動車競走選手権大会が月島埋立地で開催された。入場料は一般券1円(当時の映画入場料50銭)であった。

1931(昭和6)年の満州事変後は、自動車を使っての国防意識が高まり、報知新聞の大々的な宣伝や全国ラジオ放送中継などもあり、興行的にも成功する。そしてこの成功が、その後の多摩川スピードウェイ設立のきっかけとなったのである。

写真右の車は、藤本軍次氏が帰国時に持参したハドソン・レーサー（米）、左は野沢三喜三氏のビドル（米）。（1922年）

アメリカでの藤本軍次氏は、ワシントン州シアトルで「ムーン」「ペゲス」などの販売代理店「ミカド・オートモビル」を開業していた。看板を見ると修理業務が多かったようである。（1920年2月）

アメリカでの藤本軍次氏とスタッフ。容姿を見ると日本人・日系人が多い。左から3人目のネクタイの人物が藤本軍次氏。（1920年8月）

東京ー下関間、急行列車と競走　藤本軍次氏談

私は大正11年８月に報知新聞社に東京、下関間の急行列車との競走を持ち込みました。そして勝つという見込みのもと、報知新聞社の主催で実施の運びに至りました。

しかし実際には今日とは異なって道幅も狭く、岡山に入ると５里も竹を満載した馬車の後を続いて走りましたが、追越すこともできない状態で此処だけでも２時間のマイナスです。また、富士川、大井川には自動車が渡れる橋がなかったため浅瀬を渡るような道路もありました。結局、東京下関間は自分の想像していた30時間内外より約10時間遅れ、40時間5分を要しました。

当時の汽車は私の記憶では28時間くらいであったと思います。その時の予想では充分に勝てる見込みでしたが、道路がこのようだし、追越して走らせることはまずできないことでした。

出典：『日本の自動車レース界に想出を残す人々』藤本軍次（ジョージ）より抜粋（年度不明）

インディアナポリスの自動車レース

世界で最初の自動車用常設サーキットは、1907（明治40）年に開設されたイギリスのブルックランズであるが、1909年には、アメリカにもインディアナポリスに本格的な大自動車レース場が完成した。１周2.5マイル（4km）の平坦なトラック・コースで、レンガ積み走路（1911年以後）による自動車専用サーキット場であった。これが作られるについては、大きな意味があった。それは自動車の本場であったはずのアメリカだが、当時の米国車は欧州車に比べて性能が劣っていて、自動車の性能競走という面を通じて、進歩発達をはかるため、アメリカ自動車製造組合の発起によりレース場が建設されたのである。

このインディアナポリスの自動車レースは、エンジンの排気量を年ごとに引き下げる主催者側に対し、メーカー側のスピード性能競走となって、シーソーゲームが続いた。このために米国においてのエンジンの発達向上はいうまでもなく、高速走行での信頼性などは数年で目的を達し、走向性能、制動（ブレーキ性能）、懸架（主にサスペンション）、走行上のバランスの面など逐年進歩した。米国自動車メーカーの技術面の発展は、インディアナポリスでの自動車レースに負うところが大きなものであったことは、否定できない事実であった。

報知新聞の後援を受け、下関－東京間を急行列車と競走した藤本軍次氏（右）と友人でオートモ号技師の菅原俊雄氏（左）。40時間以上走り、疲労困憊の様子。荷車に何時間も道をふさがれたり、川を渡るのに苦労したりしたと藤本氏は手記を残している。車は藤本氏のハドソンだが、帰国時から後部の形が変えられているのがわかる。（1922年9月1日）

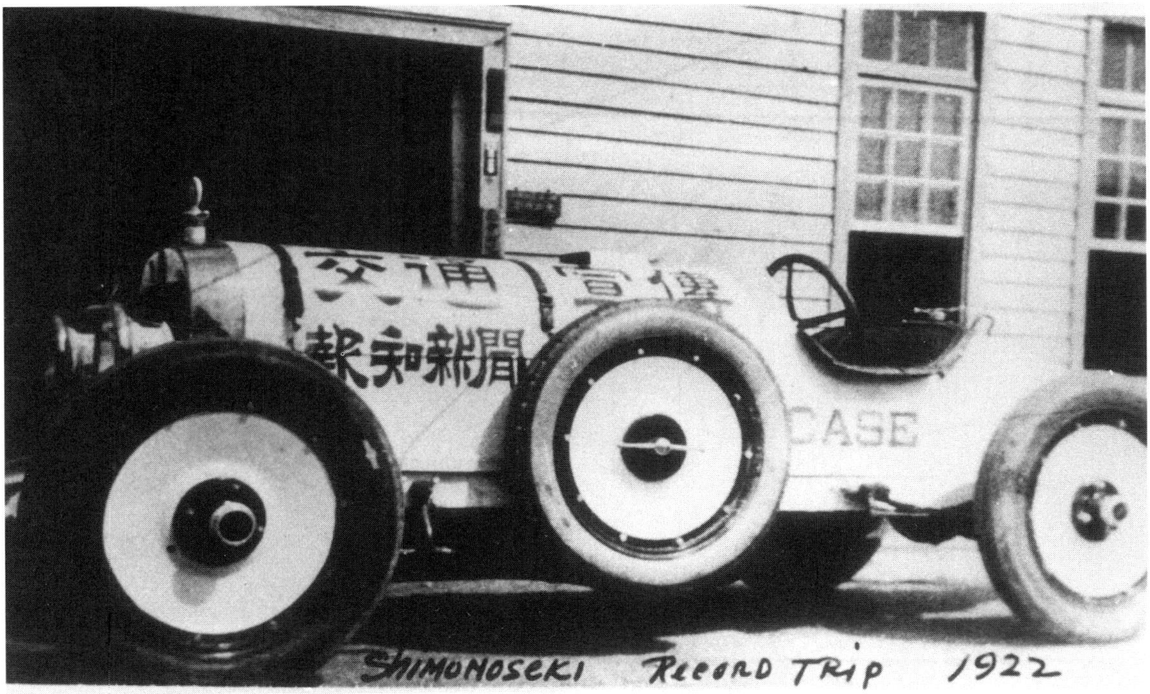

急行列車と競走したハドソンは、1922年11月12日に洲崎で開催されるレース（第1回自動車大競走）の報知新聞宣伝カーとなる。車体横に描かれたCASE（ケース号）の名は、後援者の輸入業者の野沢組自動車部が扱っていたケース車から取ったもの。（1922年）

3　日本自動車競走大会（その2）　本格始動

記念すべき第1回の自動車大競走（洲崎埋立地）、主催：報知新聞社。写真手前から、No.8チャルマー・内山駒之助氏、No.2マーサー・屋井三郎氏、No.7ハドソン・藤本軍次氏、No.5プレミア・関根宗次氏（車名などに誤りがある指摘もあり）。レースは警察からの指示で1台毎に走行するタイムレースとなる。優勝は内山駒之助氏。まだ一般に自動車レースが理解されていない時代であった。（1922年11月12日）

第3回のレース（洲崎埋立地）。No.8チャルマー・内山駒之助氏、No.2マーサー・伊達秀造氏。観客席を見ると、第1回には無かった幕が張り巡らされていて、入場料をしっかり取っていた様子が窺える。（1923年 4月22、23日）

1923年の洲崎に続いて、1924年4月20日の立川飛行場にも日本初のガソリン自動車開発技術者の内山駒之助氏がNo.8チャルマーで出場。写真は、ゼッケン番号の横に「壱（1）等賞」の文字があり、優勝カップと共に撮影。この後もレースに連続参加している。

内山駒之助（1882～1937年）

国産初のガソリン自動車「国産吉田式」をつくりあげた技術者。14歳の時、船や機械の技術を覚える目的でウラジオストックに渡り、2年間修行。その時、自動車の修理を手伝って自動車の構造、運転を習得している。日本人として自動車を会得した最初の人だった。その自動車知識と技術を買われて自動車の修理・販売会社の経営者・吉田眞太郎氏に迎えられた。当時まだ修理工場で満足な機械や設備もなかった中、内山氏はガソリン自動車10台（国産8台、組立2台）を製作した。内山自動車商会を設立し、自動車の販売や修理などを手がけるが、多摩川スピードウェイ・レースの練習中の事故が原因で55歳で亡くなった。

関根宗次氏とプレミア。梁瀬自動車が輸入したプレミア（米）の6気筒で、ドライバーは関根宗次氏。関根氏はレース運営に心血を注いだ人物であり、主な仕事は宮家や三井家、岩崎家に車を販売する高級ブローカーだが、操縦技術は確かで各レースに参戦している。

関根宗次氏（左）と藤本軍次氏（右）と後はプレミア。関東関西連合競走大会にて。親友の2人はその後の自動車レースの牽引役となる。（1923年7月1、2日）

自動車競走大会（立川飛行場）。No.8チャルマー・内山駒之助氏、No.41デビス・森田（憲）氏。（1924年4月20日）　出典：朝日スポート

自動車競走大会。広大な陸軍立川飛行場の様子がわかる。No.15 M.U.6（ボディはマーサーか）。初めて24台のレーサーが集まり50マイル競走が実施された。（1924年4月20日）　出典：報知新聞

藤本軍次氏とハドソン（米）。陸軍の広大な立川飛行場を利用したコースは1周1マイル（約1.6km）と広大で、季節も良く、観戦は無料で大変な賑わいとなったという。（1924年4月20日）

鶴見埋立地でのレースに出場したNo.4ロジャー・丸山哲衛氏、助手席は矢沢喜六氏。（1924年11月22、23日）

自動車競走大会（立川飛行場）での関根宗次氏（右）と助手の脇田氏（名前は不明）。この大会にはアート商会・榊原真一氏がダイムラーの飛行機用エンジンを搭載したレーサーで出場している。他、ハドソン・藤本軍次氏、プレミア・関根宗次氏などアメリカ製レーサーや改造車が出場している。（1924年4月20日）

自動車競走大会（立川飛行場）。決勝50マイルレース（80km）でプレミア優勝。関根宗次氏（右）、助手の脇田氏。（1924年4月20日）

1925年12月6日開催の鶴見埋立地のレースに出場したマーモン・市川金四郎氏。出場車リストに直列8気筒とある。フロントはモーリス・オックスフォードのラジエータ上部の丸味が弾丸先端と似ていることから、“ブル(弾丸)ノーズ”と呼ばれたパーツが使われている。

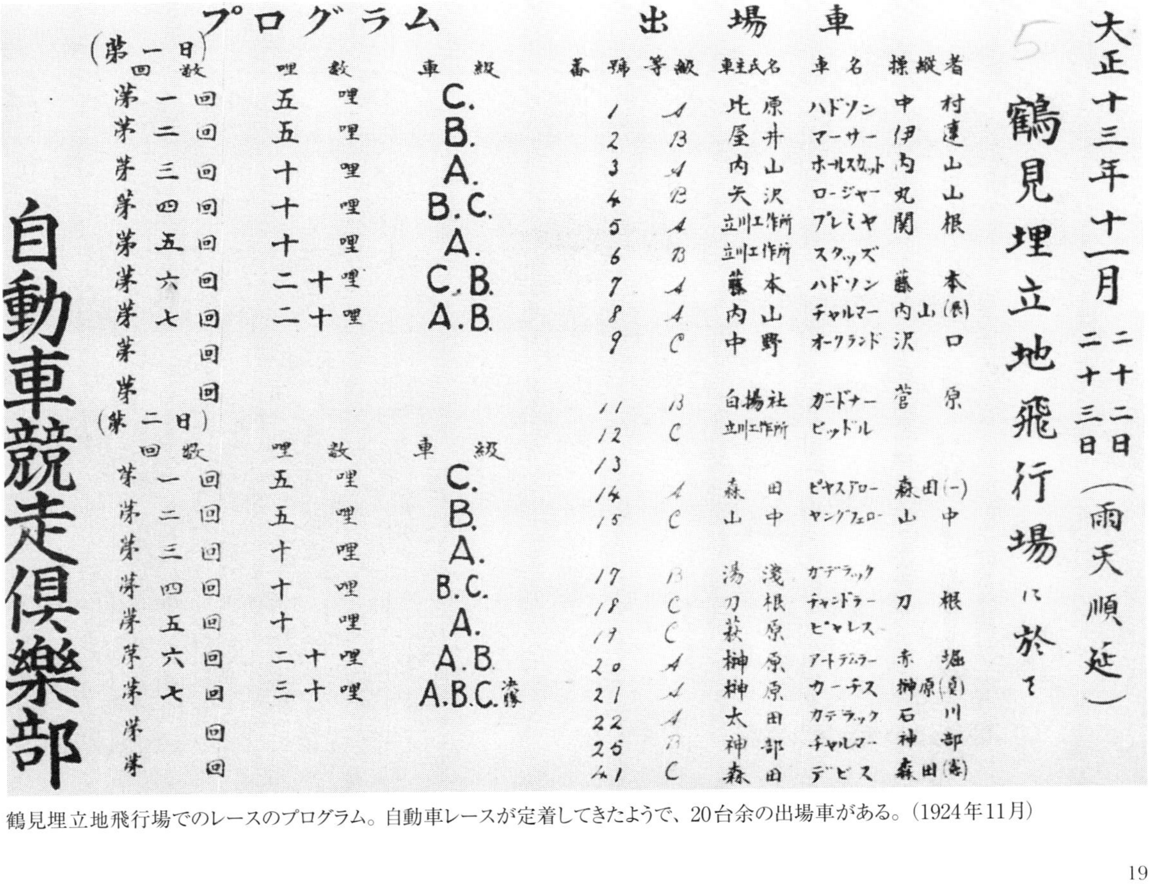

大正十三年十一月 二十二日 二十三日（雨天順延）
鶴見埋立地飛行場に於て

自動車競走倶樂部

プログラム

（第一日）

回数	哩数	車級
第一回	五哩	C.
第二回	五哩	B.
第三回	十哩	A.
第四回	十哩	B.C.
第五回	十哩	A.
第六回	二十哩	C.B.
第七回	二十哩	A.B.
第　回		
第　回		

（第二日）

回数	哩数	車級
第一回	五哩	C.
第二回	五哩	B.
第三回	十哩	A.
第四回	十哩	B.C.
第五回	十哩	A.
第六回	二十哩	A.B.
第七回	三十哩	A.B.C.[illegible]
第　回		
第　回		

出場車

番號	等級	車主氏名	車名	操縦者
1	A	北原	ハドソン	中村
2	B	屋井	マーサー	伊達
3	A	内山	ホールスカット	内山
4	B	矢沢	ロージャー	丸山
5	A	立川工作所	プレミヤ	関根
6	B	立川工作所	スタッズ	
7	A	藤本	ハドソン	藤本
8	A	内山	チャルマー	内山(長)
9	C	中野	オークランド	沢口
11	B	白揚社	ガードナー	菅原
12	C	立川工作所	ビッドル	
13				
14	A	森田	ピヤスアロー	森田(一)
15	C	山中	ヤングフェロー	山中
17	B	湯淺	ガデラック	
18	C	刀根	チャンドラー	刀根
19	C	萩原	ピャレス	
20	A	榊原	アートデムラー	赤堀
21	A	榊原	カーチス	榊原(夏)
22	A	太田	カデラック	石川
25	B	神部	チャルマー	神部
41	C	森田	デビス	森田(喜)

鶴見埋立地飛行場でのレースのプログラム。自動車レースが定着してきたようで、20台余の出場車がある。（1924年11月）

THE JAPAN ADVERTISER, TOKYO, SUNDAY, MAY 10,

Fighting It Out in the Last Lap

George Fujimoto, driving No. 7 Hudson, and Ishikawa, driving No. 22 Cadillac, in a close finish at the automobile races held at Yoyogi Parad Ground last Sunday. Ishikawa won by a small margin, but was afterwards disqualified, Fujimoto being awarded the prize.

日米連合自動車競走大会（代々木練兵場）。No.7ハドソン・藤本軍次氏、左がNo.22キャデラック・石川氏（石川氏の名前は不明だが、このクルマは太田祐雄氏がチューンナップを担当）。記事には僅差で藤本氏が勝利したが、その後失格となったとある。（1925年5月4日）
出典：THE JAPAN ADVERTISER, TOKYO

ensk Motortidning
26 Juli 1925.

AUTOMOBILTÄVLINGAR I JAPAN

napshot från en japansk »bilkapplöpningsbana». Maskinen har gått över ända, men allt »ordnade sig» och ingen människa dädades.

日米連合自動車競走大会（代々木練兵場）。第1コーナーで転覆したNo.1ハドソン・佐久間章氏（中央）。助手・千葉利衛門氏（手前）。
（1925年5月26日刊）

1925年洲崎の自動車競走大会で、オートモ号予選1位、決勝2位を祝う(明治神宮にて)。右から2人目が豊川順彌氏、その隣のカップを持っているのは蒔田鉄司氏(後にオート三輪「くろがね」や本格的四輪駆動車「くろがね4起」を開発)、ドライバーは堺孝氏。左は乗用車オートモ号(日本初の量産型乗用車)。オートモ号の活躍に、観客が入り乱れ、豊川氏を胴上げしたという。(1925年12月7日)

オートモ号

豊川順彌氏が白楊社を設立して国産自動車の研究、試作を進めて完成した「オートモ号」は1924(大正13)年から4年間で約300台が製造された。発売された8月には、東京から大阪まで40時間ノンストップ走行に成功。翌年には国産自動車として初めて上海に輸出され、日本車輸出第一号となる。藤本軍次氏と下関から東京まで急行列車との競走に同乗した菅原俊雄氏は、オートモ号に関係した技術者の一人である。

朝鮮総督府のオートモ号
上海に輸出されたオートモ号は、昭和3年頃、中国消防隊の伝令車として赤く塗られ、上海の街を疾走していたという。(国立科学博物館所蔵写真)

自動車競走大会にオートモ号が出場し、予選1位、決勝2位の成果を収めた際の広告。
参加車はホールスカット200馬力、カーチス160馬力、ダイムラー100馬力、ピアスアロー36馬力、キャデラック32馬力、チャルマー25馬力、デビス25馬力、ロジャー20馬力、オークランド19馬力、オバーランド18馬力、オートモ9馬力とあり、小馬力のオートモ号が好成績を収めたことを誇っている。(1925年12月6日付)

入賞カップを持っていないのでレース会場に向かうオートモ・レーサーだろう(中央)。市販のオートモ号を前後にしての撮影。オートモ号の製造工場は巣鴨にあったので、洲崎までの途中であろうか。

皇居前での撮影。左の三角フラッグの「大伴」は、オートモ号の生みの親の豊川順彌氏の先祖、大伴姓にちなんでオートモと名付けられたため。

1925年、洲崎埋立地で行なわれた自動車競走大会で予選1位、決勝2位の純国産オートモ・レーサー、ドライバーは堺孝氏。小さな日本製の9馬力のレーサーが大馬力の欧米車と競った結果である。この車はレース開催の知らせを受けて一週間、不眠不休で製作された。市販車のオートモ号は翌年4月、「モーター」誌150号を記念して行なわれた大阪-東京間自動車ノンストップ・レースにも純国産車として参加、見事に完走している。

写真のアート商会のカーチス号は1924年の日本自動車競走大会に出場以来、ボディの改造を繰り返している。1924年の自動車競走大会・立川飛行場に、アート商会はダイムラーの航空エンジンをベースにしたレーサーで出場しているが、この先行車のダイムラーエンジンを搭載したレーサーは車両重量が大きく、トラブルが多かったので、カーチス号のボディは主に薄い鉄板で作り、飛行機の軽量化技術を取り入れた流線型スタイルとし、テール部分は細いヒノキの骨組みに布を貼り軽量化を図った。

全日本自動車競走選手権大会(月島埋立地)。コースは一周1マイル(約1.6km)。参加車は新聞記事によると19台で、ようやくレースらしくなった。1934年の月島埋立地での開催。(1934年10月13、14日)

1924年11月、自動車競走大会・鶴見埋立飛行場。車両後部はスチール製となっている。フロント横には補助ラジエターが付く。この大会でぬかるんだコースを完走できたのは、アート商会のカーチス号と白楊社のオートモ号だけだった。

1934年10月、全日本自動車競走選手権大会・月島埋立地。レースは9年ぶりに開催された。カーチス号は会長杯と全日本選手権に優勝、ラップタイムが初めて時速100kmを超え、日本で一番速いレーシングカーに輝いた。

全日本自動車競走選手権大会(月島埋立地)。決勝20マイルレースでのNo.20カーチス号・榊原真一氏の疾走。全参加車中最速で、三井家のブガッティやベントレーより速かった。この頃になると、米国のレーサーや改造車に対して、日本人が作りだしたレーサーで戦えるようになった。(1934年10月13, 14日))

月島埋立地で開催される、全日本自動車競走選手権大会の告知。報知新聞社所有の第6報知機「ユンカース」と余興競走を報じる記事には、先頭のNo.11ハップモビル・川越豊氏の他、内山駒之助氏、関根宗次氏、藤本軍次氏が名を連ねている。（1934年10月付）
出典：不明

陸軍の自動車競走の応援演説

［1934年全日本自動車競走選手権（月島埋立地）］

（出典：報知新聞　1934年10月）

審判長の陸軍自動車学校幹事、田中清大佐は月島のレース開催にあたり演説している。

「この全日本自動車競走大会は今回の一度だけでなく、継続してもらいたい。見られるとおり出場車は現在のところ、ほとんどが外国製に限られている状態だ。これではいかん。優秀な国産品生産を奨励と刺激のためにも、極めて有意義な企てであると信ずる。やがてこれに代わって優秀な国産自動車が挑戦し制覇する日近きを望んで止まぬ」

「報知新聞社『第6報知号』の白銀のユンカース50A型機が会場上空に現れた。つんざく爆音を響かせ旋回して急降下、早川操縦士の顔が見える。さーっと風が頭をかすめるように冒険低空飛行40ｍ！地上では藤本ジョージ君のブガッティ、関根宗次君のアルビスが待機して報知機が更に低空飛行してスタートラインを横切るとき一斉にスタートした。忽（たちま）ち第1のカーブ！報知機は遠心力ではるかにコースを外れて飛ぶ、電線すれすれだ。藤本、関根君も……」

月島レース事前報道。中央通りを行進している様子が紹介されている。写真上はNo.7フォード・長島正虎氏、写真下はNo.1マーモン・市川武男氏。（1934年10月6日）　出典：日刊自動車新聞

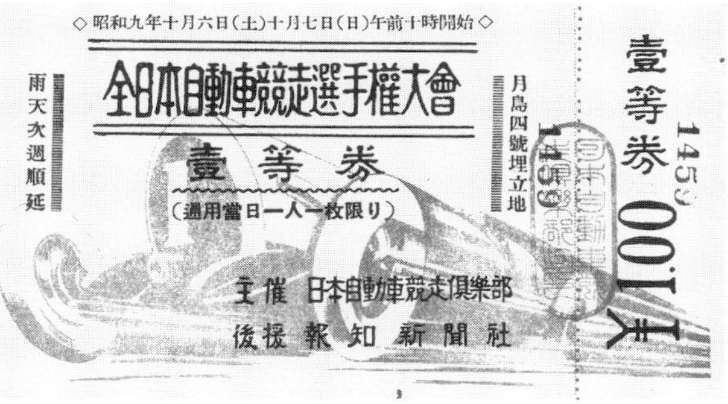

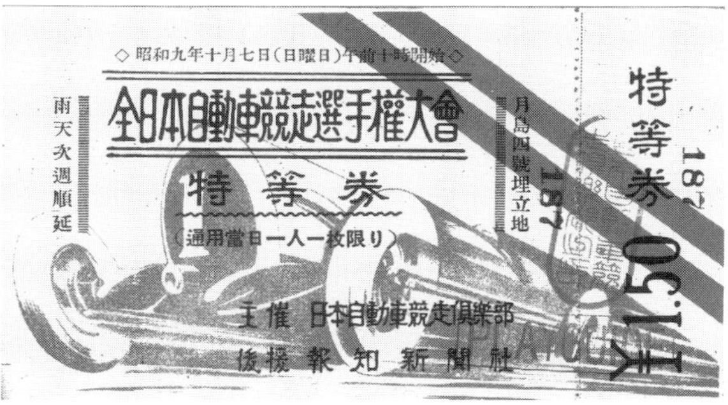

全日本自動車競走選手権大会の入場券。価格は一等券1円、特等券1.5円。ちなみに当時の映画館の入場券は50銭であった。（1934年10月）

■日本自動車競走選手権大会に参加して
　フォード3号車選手　牧野 眞

日本自動車競走選手權大會
に參加して
牧　野　　眞
52

牧野氏はわが国の自動車レースの創設期からの日本自動車競走倶楽部の選手で、以下の文は1934年(昭和9年)10月の月島で開催された日本自動車競走選手権大会に4気筒フォードで出場した時のご本人の寄稿文である。当時のレースの事情を知ることができるめずらしい記述であり、資料として第2日目の体験記を抜粋し掲載する。出場車には多くの純競走用車両も参加したが、牧野選手のフォード3号車はホイールベースを90インチに短縮して放熱器を取り替えたもので、エンジンは1929年式をオーバーホールしたものであった。以下、本人の文章(旧漢字や今とは異なった表現などを加筆修正)である。

去る10月13、14両日、東京市月島4号埋立地において開催された日本自動車競走選手権大会の2日目は昨日より天気も良く、午前6時起床、先ず身を清めて神棚や仏壇にお灯明あげ武運長久を祈り、朝食もそこそこに田村町の競走倶楽部へ円タクを飛ばした。

愛車のフォード3号車はそのスマートな車体を太陽に輝かせつつ、サービス部員に燃料ポンプの手入れをして貰っている。早速出場の準備に取りかかると他のサービス部員が未だエンジンのチェックが済んでいないから待ってくれと言う。しかし私は同志諸君の技術とフォード・エンジンを信頼してテストの必要を認めず、燃料ポンプの手入れが終わるとすぐに走り出した。エンジンは最上のコンディションだ。今日の大会に勝利を確信しているかのようなエンジン・リズムに私の心は躍った。まだ昨夜オーバーホールしたばかりなので月島までゆっくり馴染ませながら運転して行った。

今日私の最初のレースは午前10時半の第2予選である。10時に大会会長堀内中将と審判長(陸軍自動車学校将校)の訓示が終ってから、審判長田中清大佐の自動車に続いてコースを2周して入場式が済んだ。

[快心の第2予選(5周)]

このレースに出場する車両と選手は抽選の結果フォード3号車・牧野眞、ブガッティ10号車・木村安治、フォード16号車・諸星光、ピアスアロー22号車・伊澤誠三の組み合せとなった。私のフォードは如何なる強敵でも戦えると信じるが、木村君の乗るブガッティはこの中の強敵である。ここでそのブガッティ車を紹介すると、この車はフランスのブガッティ車の製造会社が開発当初から競走車として作製したものだけに、あらゆる部分が純粋の競走車として至れり尽くせりで、価格も時価4万5千円という豪華車だ。前の持ち主は東京駐在ポルトガル国公使館一等書記官アルジョア(アロウジォ)氏で、私が以前公使館に勤務していた時に同氏から聞いた話によると、この車はポルトガルで有名なレーサーがフランスのレースに参加して度々1、2等の栄冠を得たとのことである。このようなブガッティを相手に競走しようという私の心をご想像願いたい。

10時10分、フラッグがさぁーっと上げられスタート。第1コーナーではブガッティにやや遅れ、第2コーナーで同車を抜き、第3のなだれコースで追いつかれ、第4コーナーは共に回ったがハンドルの切り加減で一歩を譲り、2周目の第1コーナーで又もやブガッティ車を抜き、敵が外回りコースの悪路に悩むのを見た私は夢中になってアクセルペダルを踏んで第2コーナーでは相当引離した。しかしブガッティは又もや私に肉薄してくる、私は早速、内コースから外コースに出てまたまた並行となったが少し遅れた。3周目の第1コーナーで私は内側コースに入って4度抜き返してトップを走り、第3コーナーに差しかかるやブガッティは猛烈に追撃してくるが、第4コーナーで私は1車身抜き、カーブを外コースに切って更に3車身リードしつつ猛進を続ける。4周目の第4コーナーでは4車身の差で外コースを取り、ラスト・ターンの第1コーナーでは2車身の差で内コースを切り、いよいよ最後の猛進だ。

私のフォードは好調に走るが第3コーナーと第4コーナーの中間で追いつかれ、そのまま第4コーナーにかかった。私は最後の手段を講じたが、早くも外コースを取られて遂に1車身の差でブガッティに勝利を譲らざるを得なかった。タイムにして僅か2秒の差である。

しかし私は愉快だった。あれだけの強敵を相手に殆ど互角の勝負をし、10年前立川のレース出場以来こんなにスリルあるレースを味わったことがない。実に痛快だった。

[フォード杯レース(7周)]

フォード杯レースは午後開かれた。出場車はドラゴン(ムーン車)、ビドル、シボレー、ピアスアロー、私の3号フォードである。

午後2時半スタートを切った。私は最初からトップを走り、最終の7周目には遂に2位の競走車を1周あまりリードして悠々ゴールインした。ブガッティとの火の出るような一騎打ちに比べると余りにもあっけない勝利であったが、レースが終わって先輩や同志諸君と堅い握手を交わした時に、瞼の熱くなるのをどうにも抑えきれなかった。

最後に一言申し上げたいのは、今回私が操縦したフォード3号車は1929年の中古車の4気筒エンジンであったことと、この車の独特のスプリングがカーブを切る時、如何にも安定の良さを感じたことである。

全日本自動車競走選手権大会(月島埋立地)。カーチス号のドライバー榊原真一氏(左)、助手本田宗一郎(右)と数々の優勝杯。本田氏はこの時27歳、浜松でアートピストンリング研究所を興し、このレースに駆けつけ参加。本田氏がカーチスの助手席に乗ったのはこのレースだけである。(1934年10月13、14日)

上の写真と同じく、全日本自動車競走選手権大会(月島埋立地)。報知新聞優勝杯獲得後の写真。背広姿の人がアート商会社長の兄の榊原郁三氏(左)、本田宗一郎氏(中)、弟の榊原真一氏(右)。榊原郁三氏の前の大きなカップが報知新聞社による優勝杯。

アート商会とカーチス号

1922年4月、15歳の本田宗一郎氏は、東京・本郷湯島のアート商会の丁稚(でっち)小僧になった。社長の榊原郁三氏は18歳の時上京し、伊賀飛行機研究所に勤めた、オオタの太田祐雄氏の兄弟子でもあった。優れたエンジニアであり、経営者だった主人の榊原郁三氏は本田宗一郎に修理の技術だけではなく、顧客への接し方、技術者としての在り方まで教え込む。「熟練正確なる技術と低廉なる理想的自動車工場」をモットーとしたアート商会での数々の経験は、本田氏のその後に大きく影響を与えた。

さらに、アート商会の修理業務には、モーターサイクルが含まれていた。当時は、自動車もモーターサイクルも、限られた上流階層の持ち物だった。そして、そのほとんどが外国車だった。しかも、現在よりはるかに数多い世界中の大小さまざまなメーカーのクルマが日本に輸入されていた時代だった。アート商会には多種多様なクルマが修理に持ち込まれた。貪欲なまでに知識欲旺盛な本田氏には、絶好の実地勉強の場所だったのだ。

1923年には榊原氏をリーダーに、弟の真一、数人の弟子が加わって、レーシングカーの製作が始まった。榊原氏は元飛行機技師らしい斬新なアイデアを持っていた。航空機用エンジンをレーシングカーに使えば、低回転で粘りにある高トルクで、信頼耐久性も高く、軽量だから泥だらけのオーバルコースを走るのに適してるはずだと考えた。1台目が、中古のダイムラーエンジンを載せたアート・ダイムラー。2台目が、アート・カーチス。通称カーチス号である。アメリカのカーチスの複葉機の中古航空エンジンを千葉県の民間航空家の伊藤音次郎氏から譲ってもらい、アメリカ車のミッチェルのシャーシに載せたものであり、このスペシャルマシンづくりを手伝ったのは本田氏だったという。1924年11月23日の日本自動車競走大会(鶴見埋立飛行場)には、操縦士・榊原真一氏、同助手・本田宗一郎氏で、カーチス号が初出場し、見事に優勝している。

17歳の少年の胸に燃えたモータースポーツへの情熱は、この後、生涯消えなかった。

1935年頃のアート商会浜松支店。左のクルマは「ハママツ号」。横にサングラスを掛けた本田宗一郎氏が立つ。右端は当時として珍しかったリフト式修理台が写っている。

カーチス号の前で自動車修理工場のアート商会が製造・販売していたエンジン部品のピストンを宣伝している。

■自動車競走は何故必要か 特に日本で必要な理由 藤本ジョーヂ（藤本軍次）

競走の意義

自動車競走は何故必要か、何故自動車競走を奨励し、その発達を図らねばならないか。一般には「早く走って面白いからだ」と言われる。しかしそれはあまりに単純な答えである。競馬と同じ様に勝敗を決すると見られるが、その競馬ですら常に馬の改良がされるように、自動車競走もそれ以上に、自動車の性能の改善・発達が必要であり、これが自動車競走の目的である。

通例、自動車競走には新しい車のみで競走するのと、古い車のみで競走するのと2種類ある。

新しい車で行なう競走は、できるだけ小さい排気量のエンジンを開発・製作し速力、耐久力、経済性等の観点から、最大の性能を挙げることである。1台に1万5,000ドルから2万ドルを費やし、またその多額をかけた車を、同時に5台づつ競走させるのも新しいエンジンの性能を試験するためであり、この実験は自動車競走以外には考えられない。一方、古い車のみの競走も同様で、古い車を修理して経済的な能力を試験するのである。

かくのごとく行なわれた競走の結果、優秀なる成績を納めたものが、大々的な広告宣伝をして、販売拡大をすることは当然のことである。言い換えれば、最新式のものを作ったり直したりして、それを販売政策に用いるのが、今日までの自動車競走の趨勢である。

競走の歴史

このように自動車競走により小型のエンジンが研究され、それが大型エンジンの性能と同様、またはそれ以上になった結果、現在世界の全車両を1,800万台と仮定し、一日の費用を1,600万円だけ節約できる様になったのである。

自動車競走の歴史をみると、経済的にも速力・耐久性も発達をしている。アメリカで自動車競走が初めて行なわれたのは1909年からで、翌1910年頃には排気量450キュービックインチ（7374cc）のものが許されていたが、1912年に米国マルフォード氏がロージャー号で、一時間平均67マイル（108km /h）の成績を示し、1914年には、ローテンスパーカー氏が、メルセデスで一時間98マイルの成績を出した。ここに従来の馬力が制限されて300キュービックインチとなったが、例の欧州戦争（第1次世界大戦）のために競走も一時中止となった。

車は小さく

1918年、米国のマーフィー氏がデューセンバーグ号で一時間106マイルの成績を示し、187キュービックインチになり、1922年には127キュービックインチ（2081 cc）にされる様になった。特に最近の情報によれば、米国のトミー・ミルトン氏は、本年2月の競走において、118マイル（190km /h）という驚異的な平均速度を挙げるということであるから、この影響が早晩事実となるであろう。このように最近15年間において、次第に車が縮小されてきたかがわかるが、それは研究と実験の機会になったのが自動車競走であると思う時、自動車競走の使命目的が理解されるだろう。

わが国では

最後に、日本では自動車競走の発達が望まれるという考察をするに、発達は困難であることは否めない。何となれば自動車メーカーがないし、また完全なレース場がないからである。

しかし古い車を修理改良して、それを試験すべき競走は必ず行なうべきである。そうして耐久性や速力の研究、特に燃費の節減を図ることは急務である。例えば全国に100円の廃車が2,000台あるとして、これに修理を加え性能を高め、1,000円で販売されることと仮定しただけでも、200万円という大金が浮かび上がる計算となる。しかも、もし外国との間に戦争が起こって、自動車の輸入が途絶えた場合を考えれば、自給自足の策に出なければならないから、その為にも自動車競走は必要であり、もたらす利益が国家的貢献の上に果たす役割は大きい。

出典：The Aerial and Motor Age for May（1925年頃と思われる）

The Aerial and Motor Age for May

自動車競走は何故必要か

特に日本で必要な理由

藤本ジョーヂ

競走の意義

競走の目的

競走の歴史

わが國では

■多摩川スピードウェイの関連記事と諸説あるレース活動について

ここまで、日本初の自動車レース開催から多摩川スピードウェイ誕生までの流れを見てきたが、元々その史実を書き留めた残存資料は非常に少ない。当時の新聞記事コピー、あるいは関係者が保管している写真類が残っていても、それがいつどのレースを指しているのかが正確に分からない場合も多い。そもそも開催されたレースの回数自体が特定できない。初期において4輪よりも盛んだった2輪レースの余興として自動車レースが併催された例もあるし、小規模な自動車レースは日本各地で催されていた節がある。

それらの中でも核となっていた日本自動車競走倶楽部（NARC）の活動ぶりをまずは改めて振り返っておこう。参考資料はP35に挙げる4種。いずれもエピソードをまじえた文章形式になっているものをベースに、表にまとめ直している。ブランク（空白）が多いのはそのためだ。1922年（大正11年）洲崎埋立地の大会を第1回と数えているのはどれも一緒だが、それ以降、いずれも似て非なる展開を見せている。多摩川スピードウェイでの開催を含めて17年間で全15大会前後が開催されたということはほぼ共通している。言い換えれば、その程度しか共通項はない。大会名・開催日・開催地・主催者に関しても、資料によってかなり相違がある。それら約15大会がすべて同格の規模とも言い切れない。回顧する各関係者の立場によって、取り上げるべき大会の判断が違っていたとしてもおかしくない。よって、これら資料を丁寧に見比べたからと言って、ひとつの正解がきっちり導き出せる状況ではないのが現状だ。

ここでひとつ注目すべきなのは、藤本軍次氏の遺族によって保管されていた雑誌コピー（タイトル不明。1965年春の刊行と思われる）の中にある《日本自動車競走倶楽部・日本に芽生えた自動車レース・その歴史と生いたち》という9ページほどの記事の中にある第10回および第11回大会に関する記述だ。少し引用してみよう。

『第10回目は昭和9年秋、多摩川で開かれている。本格的な多摩川スピードウェイが完成したのは、昭和11年の第12回目のレースからであるが、この時も報知新聞社の金子氏、東急の小林開発部長、それに堀内貞一氏などの協力を得て、一応整地がおこなわれた。このグランドは長さ約1マイル、幅20ヤードというから、レース場としては最適地とされていたようだ。選手およびレース関係者、観客をも含めて「もう砂塵の中を走るようなことはない」と、広々とした新設のグランドの光景に見とれていたということだ。第11回目は昭和10年7月18日開催され、この時は全国自動車競走倶楽部という団体が赤坂の溜池にあり、この競技団体が主催し読売新聞社後援となっている。しかしレース当日雨になって契約金さえもらえなかったということから、レースを開催しなかったも同然だったというのが、この第11回レースだろう。第12回目は昭和11年5月、報知新聞社主催、日本自動車競走倶楽部後援で多摩川で開催されている。この時になって、はじめて多摩川スピードウェイも完成し、本格的なレースが展開されるようになった。』

多摩川スピードウェイが誕生する前の昭和9年（1934年）秋に、その多摩川においてレースが開催されていたという記述は興味深い。一周距離が1マイル（約1.6km）と、スピードウェイの1.2kmより長いが、文面から推測するに、ほぼ同一の場所だったろうと思われる。ただし、その大会が同年6月の月島大会に次ぐ秋開催というのが引っ掛かる。と言うのも1934年月島の大会は6月ではなく10月中旬の開催（当初6〜7日予定が雨天のため13〜14日に延期）で間違いなく、それとほぼ同時期に多摩川で同様の大会が行なわれたとは考えにくいからだ（多摩川大会に関する当時の新聞資料も残っていない）。

さらに、翌1935年7月18日の全国自動車競走倶楽部主催の大会というのは、残っている当時の新聞等から判断すると、1935年ではなく1937年が正しい。同大会直前の新聞広告には年月の記載はないものの「18日・日曜日に多摩川スピードウェイにて」と明記されているから、1935年の線はありえないのだ。となると、1934〜35年に（スピードウェイ完成以前の）多摩川において自動車競走が催されたというのは関係者の勘違い・記憶違いということなのだろうか。

しかし、だからといって多摩川スピードウェイが1936年になって突然誕生したわけでもない。

1936年より遡ること一年余り前の春3月中旬、複数の新聞が「多摩川の新設グランドで近日自動車レー

【戦前の国内主要自動車レース一覧】

●日本自動車工業史稿（2） 67年・自動車工業会刊より

回数	開催年	開催日	開催地	主催・後援
第１回	1922年（大正11年）	秋	東京・洲崎埋立地	報知新聞社主催
第２回	1922年（大正11年）		東京・立川	
第３回	1923年（大正12年）	4月22-23日	東京・洲崎埋立地	日本自動車競走倶楽部主催、報知新聞社後援
第４回	1923年（大正12年）	7月1-2日	大阪・城東練兵場	「関東関西聯合自動車競走大会」帝国自動車保護協会主催
第５回	1924年（大正13年）	4月20日	東京・立川飛行場	
第６回	1924年（大正13年）	11月22-23日	神奈川・鶴見埋立地	
第７回	1925年（大正14年）	5月4日	東京・代々木練兵場	
第８回	1925年（大正14年）	12月	東京・砂町埋立地	
第９回	1926年（大正15年）		愛知・名古屋練兵場	
さらに3回			砂町1回、月島2回	

●「日本自動車競走倶楽部・日本に芽生えた自動車レース・その歴史と生いたち」 65年より

回数	開催年	開催日	開催地	主催・後援
第１回	1922年（大正11年）	10月	東京・洲崎	報知新聞社主催、日本自動車競走倶楽部後援
第２回	1923年（大正12年）		東京・洲崎	
第３回	1923年（大正12年）	7月15-16日（1-2日予定が雨天で延期）	大阪・城東練兵場	帝国自動車保護協会主催、日本自動車競走倶楽部後援
第４回	1923年（大正12年）	7月30日	名古屋	（大阪からの帰路に急遽企画）
第５回			神奈川・鶴見の潮田	
第６回			東京・砂町	
第７回	1925年（大正14年）	5月10日	東京・代々木	
第８回			東京・立川飛行場の脇	
第９回	1934年（昭和9年）	6月	東京・月島の埋立地	日本自動車競走倶楽部主催、報知新聞社後援
第10回	1934年（昭和9年）	秋	多摩川	
第11回	1935年（昭和10年）	7月18日	多摩川?	全国自動車競走倶楽部主催、読売新聞社後援、日刊自動車新聞社協賛
第12回	1936年（昭和11年）	5月	多摩川スピードウェイ	報知新聞社主催、日本自動車競走倶楽部後援
第13回	1937年（昭和12年）	5月	多摩川スピードウェイ	報知新聞社主催、日本自動車競走倶楽部後援
第14回	1938年（昭和13年）	4月17日	多摩川スピードウェイ	報知新聞社主催、日本自動車競走倶楽部後援

●'65船橋CCCプログラム「思い出のレース」藤本軍次・関根宗次・山本直一・記より

回数	開催年	開催日	開催地	主催・後援
第１回	1922年（大正11年）	10月12日	東京・洲崎第1号埋立地	「自動車競走大会」 報知新聞社主催
第２回	1923年（大正12年）	4月22-23日	東京・洲崎第1号埋立地	帝国自動車保護協会主催
第３回	1923年（大正12年）	7月12日	大阪市・城東練兵場	「関西関東聯合自動車競走大会」 帝国自動車保護協会主催
第４回	1924年（大正13年）	4月	東京・立川飛行場	自動車競走倶楽部主催
第５回	1924年（大正13年）	11月22-23日	神奈川県鶴見町潮田	帝国自動車保護協会主催
第６回			東京・砂町	
第７回	1925年（大正14年）	5月10日	東京・代々木練兵場	
第８回	1934年（昭和9年）	6月/10月13-14日?	東京・月島埋立4号地	
第９回	1934年（昭和9年）	10月	東京・立川飛行場	
第10回	1934年（昭和9年）	秋	多摩川	
第11回	1935年（昭和10年）	7月18日	多摩川	
第12回	1936年（昭和11年）	5月17-18日	多摩川スピードウェイ	
第13回	1937年（昭和12年）	5月1日	多摩川スピードウェイ	
第14回			多摩川スピードウェイ	
第15回			多摩川スピードウェイ	
第16回	1938年（昭和13年）	4月16日	多摩川スピードウェイ	「全日本自動車競走選手権大会」 報知新聞社主催

●轍をたどる21～23・戦前自動車競走史④～⑥ 岩立喜久雄・記 オールドタイマー誌2003年10月号～04年2月号より

回数	開催年	開催日	開催地	主催・後援
--	1915年（大正4年）	10月16-17日	東京・目黒競馬場	「自動車大競走会」在米日本人自動車研究会
第１回	1922年（大正11年）	11月12日	東京・洲崎埋立地	「第1回自動車競走大会」報知新聞社主催
第２回	1923年（大正12年）	4月22-23日	東京・洲崎埋立地	「自動車大競走会」
第３回	1923年（大正12年）	7月1-2日	大阪・城東練兵場	「関東関西連合自動車競走大会」 帝国自動車保護協会主催
第４回	1924年（大正13年）	4月20日	東京・立川飛行場	「自動車大競走」自動車競走倶楽部主催、報知新聞社後援
第５回	1924年（大正13年）	11月22-23日	東京・鶴見埋立地飛行場	
第６回	1925年（大正14年）	5月4日	東京・代々木練兵場	「日米連合自動車競走大会」
第７回	1925年（大正14年）	6月14-15日	愛知・名古屋練兵場	
第８回	1925年（大正14年）	12月6日	東京・洲崎埋立地	「自動車大競走」自動車競走倶楽部主催
第９回	1934年（昭和9年）	10月13-14日	東京・月島四号埋立地	「全日本自動車競走選手権大会」日本自動車競走倶楽部主催、報知新聞社後援
多摩川第1回	1936年（昭和11年）	6月7日	多摩川スピードウェイ	「全日本自動車競走大会」報知新聞社主催、日本自動車競走倶楽部協賛
多摩川第2回	1936年（昭和11年）	10月25日	多摩川スピードウェイ	「秋季自動車競走大会」日本自動車競走倶楽部主催、報知新聞社後援
多摩川第3回	1937年（昭和12年）	5月16日	多摩川スピードウェイ	「全日本自動車競走」日本自動車競走倶楽部・報知新聞社主催
多摩川第4回	1938年（昭和13年）	4月17日	多摩川スピードウェイ	「全日本自動車競走」日本自動車競走倶楽部・日本スピードウェイ協会主催、報知新聞社後援

ス開催。4月21日頃か」と報じている（P37の新聞コピー参照）。

日刊自動車新聞3月13日付、曰く『桜ニッポンの四月を華やかに彩色する種々な催し事があるが、昨年月島埋立地に於いて十年ぶりに開催され帝都二百万大衆のスリル味を堪能させた大日本自動車競走選手権倶楽部主催の自動車競走は本年度に於いては、この花の四月を期して又も大々的に開催されることになった。競走大会の会期、日時は未だ確定していないが、大体四月二十一日の第三日曜日、東横電車沿線多摩川原の新設グランドに於いて開催されることになる模様である。参加自動車は目下クラブ会員が一生懸命で製作を急いでいるが、本年はことに各選手とも力を入れてエンビクター、ベントレー等の珍品、それに毎回優勝している藤本氏のカーチス・シボレーあり、その他三井家では三台を製作しており、新鋭としてはフォードV8を改造して新性能を発揮せんとするものあり、ベンズ、マーモン、アルビス、ブガテー等々、参加車二十二、三台を数えているので、その盛大さはファンの血を沸かすものがあると大いに期待されている。なお本年も本社は後援するはずである。』

結果的に諸手続き等が間に合わなかったり、諸般の事情により、残念ながら実現は1936年6月まで待たなくてはならなくなるのだが、1934年月島で復活した人々の自動車競走熱は、この1～2年間の猶予によってかえってじわじわと盛り上がって行ったようにも感じられる。

そのようにして完成にこぎつけた多摩川スピードウェイだが、まずは、1936年から戦火が迫る1938年までの間に4回の4輪自動車レースが開催されたことが現時点で確認されている。それらを順番に第1回から第4回と数える資料も多い。ところが、それ以外にもいくつかの4輪及び2輪レースが催された痕跡がある。ただし事前予告は存在しているのに事後記事が全く見つからなかったりといった具合に、開催の事実が現時点で判然としない（1937年4月と7月に4輪レースが行なわれた模様）。もしかすると悪天候による延期や中止もありえたかもしれない。何しろ、国内自動車レースを公認統轄管理する団体すら無かった時代であり、開催告知をしようにも専門誌も僅かでテレビもネットも無かった時代なのだから、開催当日になっても観客がまるで集まらず開催できなかった（走行会でお茶を濁した!?）という例もないとは言えない。

また、1936年秋の大会（4大会の内では第2回に相当）は他の「全日本自動車競走大会」とは異なり、「秋季自動車競走大会」が名称であり、よって上記4回のレースが並列ではなく「3回と1回」さらにプラスαとも言い換えられる。さらにややこしいことに、多摩川スピードウェイ誕生2年前の1934年、久々9年ぶりに開催された国内自動車レース「全日本自動車競走選手権大会」（月島埋立地）を第1回とし、1936年の多摩川スピードウェイ開幕戦を第2回と数える資料もあって、ますます複雑になる。ただし本書では、多摩川スピードウェイで催された報知新聞主催のこれらレースを順番に第1回～4回とした。

第二次大戦後、1950～60年代に記された戦前の自動車レース思い出話は、僅かながら存在し、当時の関係者による貴重な証言ではあるものの、大正時代からのすべてを正確に把握していることはありえず、自らが関与した時代やレースを振り返って語る内容となっている。最初に記したように、資料によって開催数は異なっていて、現時点では断定不可能だ。

多摩川スピードウェイ各大会の結果表ひとつ取ってみても、当時の新聞・雑誌記事を複数見比べると、人名・車名が異なっていたり、所要タイムに至ってはかなり違っていたり、そもそも記載されていない例も多い。本書巻末ではできるだけ正しいと思われるものを記載してあるが、これが完全とは言い切れない。エントリーリストにドライバー名が載っていても、結果表にはドライバーの名字しか書かれていないことも多く（別人の名前である例も少なからずある）、実際のドライバーと異なっている可能性もある。例えば1936年秋季大会の混合レースは、優勝者が内山と書かれている資料と本田と書かれている資料とが存在する（P136～137）。エントリーリストには本田宗一郎とあるが、ほんの数ヵ月前の大会で大破したことや、後々の本田氏の思い出話の中に「多摩川で優勝したことがある」ことが全く出てこないことを思うと、内山（駒之助?）選手に交代していた可能性が高い。ことほど左様に、まるでパズルを解くがごとくの結果表づくりと相成る。あくまで参考として見ていただきたい。　**【編集部】**

本年の自動車競走

日本選手權大會

四月多摩グランドで開催

櫻ニッポンの四月を華やかに採色する種々な催し事があるが昨年月島埋立地に於て十年ぶりに開催され帝都《ていと》二百萬大衆のスリル味《み》を堪能させた大日本自動車競走選手權倶樂部主催の自動車競走は本年度に於てはこの

花の 四月を期して又《また》も大大的に開催されることになつた、競走大會の會期、日時は未《いま》だ確定してゐないが大體四月二十一日の第三日曜日、東横電車沿線多摩川原の新設グランドに於て開催されることになる模樣である、參加自動車は目下クラブ會員が一生懸命で製作を急いでゐるが本年は殊に各選手とも力を容れてエンビクターベントレー等の珍品それに毎回優勝してゐる藤本氏のカーチス・シボレーあり其他三井家では三臺を製作して居り

新鋭 としてはフオードV8を改造して新性能を發揮せんとするものありベンズ、マーモン、アルビス、ブカデー等々參加車二十二、三臺を數へてゐるのでその盛大さはフアンの血《ち》を湧《わ》かすものがあると大いに期待《きたい》されてゐるなほ本年も本社は後援する筈である

自動車レース 本年も擧行か

四月二十一日頃 準備に着手

昨秋幾年振りかで復活を見た自動車レースが本年も再び行はれる筈で、自動車關係業者にして選手の木村安治氏藤本讓次氏等の間で寄々協議が遂げられた模樣であるが本年は東横沿線多摩河原に設備の行屆いたグランドが開設されてゐるので場所の選定には何等の惱みもなく大體四月二十一日（第三日曜）を選んで華々しく開催する筈で、目下主催後援關係其の他諸般の準備に着手した、尚自動車關係業者中同好者方面ではレースを目指して競爭車を製作して居り純競爭車十四五臺の參加の見込が立てられてゐる

1935年の多摩川スピードウェイ完成前の関連記事（上／下左）

自動車競走選手權大會

四月廿一日（第三日曜）に開催

昨年月島埋立地に於て十年振りに開催された日本自動車競走倶樂部主催の自動車競走は大成功を收めたが、本年は來る四月二十一日の第三日曜日を期し東横電鐵沿線多摩川原の新設グランドに於て開催されることになる模樣である、尚本年は各選手とも一段の力を入れて居り、新鋭としてV8フオード改造車も相當出場し參加車も多數に上つてゐるので早くもその盛況が期待されてゐる

臺、大水戸遊覽三臺、仙臺市街乘合八臺の架裝を了し目下は山王遊覽六臺、大水戸遊覽一臺、京水バス三臺のボデー製作を急ぎつゝある、今後共立自動車は積極的に地方バスに進出する意向を抱いてゐることゝてその活躍は乘合事業の好況に關係あるものとして非常に注目されてゐる

自動車大會の 競走車製作中

谷口商店が

京橋區月島通り四ノ五谷口一雄商店は東都に於ける歐車專門の解體店として獨自の境地を開拓し横濱方面に堅實なる得意を多數有し非常に好況を呈してゐるが過般より來る七月丸子多摩川新設グランドに於て開催される自動車大競走に出場する競走車を極秘裡に製作中で近く完成を見《み》るに至つたが右は獨逸《ドイツ》メルツエデス・ベンツ四氣筒車を改造せるもので時速百三十哩は樂に出せると自負し居るだけ、その性能は優秀なもので完成の上試乘會を催し競走車としてのテストを行ふ豫定であると、尚該車を操縦して出場する選手は目下選定中で近く決定を見《み》る模樣である

この記事では、多摩川スピードウェイに出場するためのレース車の製作を伝える。

4　多摩川スピードウェイ

■自動車専用競走コース「多摩川スピードウェイ」誕生（1936年～）

日本における自動車レースが本格的になったのは1936年（昭和11）に多摩川スピードウェイが完成してからである。この後に開催された「全日本自動車競走大会」には以下のような意味・功績がある。

1. 常設の自動車競走専用コースで、参加各車の性能向上が着実に図られる基盤が整ったこと
2. それまで、外国車がほとんどだったレースに、国産自動車メーカーのオオタとダットサンが参加し競い合ったこと
3. 報知新聞、東急電鉄、ラジオなどの援助や告知が確立し、自動車レースファンが増加したこと

1936年は陸軍の青年将校らによるクーデターの2.26事件が起こり、戦争の暗雲が漂い始めた時期でもあった。その前年に日本自動車競走倶楽部の中心メンバーの藤本軍次氏や報知新聞の金子常雄氏が日本スピードウェイ協会を設立し、東横電車（後の東急電鉄）の了解も得て、多摩川河川にスピードウェイ建設を嘆願。当初難色を示した関係官庁からも大筋了解を得た。当時の陸軍と商工省が国産車の技術向上を大義名分として、開催許可を与えたからである。国産車奨励の旗標のもと、自動車競走が追い風を得た。

多摩川スピードウェイはコースの長径450m、短径260mの楕円形で、1周1200mの左回りのコースには簡易舗装が施された。河川敷で騒音問題が少なく、階段型の堤防はスタンドに利用することで、堤防からコース全体が見渡せる好条件があり、全出資10万円は東横電車が5万坪の土地と7万円の出資、三菱系篤志家の3万円の寄付で賄ったという記録が残っている。

1936年6月、第1回全日本自動車競走大会（主催：報知新聞、共催：全日本自動車競走倶楽部）が開催された。参加車両35台、5種目のレースが開催され観客は3万人。特筆すべきは国産小型部門でオオタ号が優勝し、ダットサンが惨敗となり、次回の勝利のために万全の態勢を構築することとなる。

また、オオタは優勝カップレースでも、巨大なエンジンの輸入車と競い4位となる快挙で、国産車レーサーの高性能さを証明した。それまで国産車レーサーの性能に懐疑的だった人々に驚きと自信を与え、自動車競走熱はさらに高まっただろう。

同年10月、第2回となる秋季自動車競走大会が催された。国産小型車部門で今度はDOHCスーパーチャージャーエンジンを搭載したダットサン・レーサーが優勝している。このように、本格的な自動車レース活動により、日本の技術力は着実に向上していった。ちなみに第1回の商工大臣カップ30周でオオタが平均時速59.6kmで優勝している。

第2回はDOHC・スーパーチャージャーエンジンを搭載したダットサンが、同レース20周に平均時速99.6kmで優勝している。コース路面が小砂利の簡易舗装から本舗装になったことを差し引いても、性能向上は明らかである。ダットサンの参加がなかった第3回、第4回のオオタはそれぞれ平均時速96.6km、93.6kmで優勝している。1937年5月、第3回が開催された。報知新聞の開催広告に「銃後の意気に～」とあるように、戦争への影響が色濃く現れはじめていた。翌38年4月、第4回が開催されたが、レースに出場する有力選手の半数以上が戦地へ出兵していた。さらに1937年の日中戦争以後、国家総動員法が発令されガソリン統制などが始まり、以降の自動車レースは中止された。

多摩川スピードウェイ（日本初の自動車競走常設コース）の意義は、自動車の技術全般の進歩と人材を育成・交流に寄与したこと。特に当時の関係者は、戦後の日本の自動車の技術的な面やその発展に関わっている人材が多いことからも、その意義は大きいといえる。

当時作られた多摩川スピードウェイのパンフレット。「東横目蒲電車」とあるのは、後の東急電鉄のことである。

多摩川スピードウエイ案内

面　積　四萬餘坪
コース　全長　一、二〇〇米突（四分ノ三哩）
收容人員　大スタンド　三萬人
總工費　拾五萬圓
位　置　京濱間交通の要衝に位し完璧を誇る設備と科學の粋を傾倒せるコースは正に東洋一、澁谷より東横電車にて十六分、横濱より東横電車にて二十分、目黒、大井町、蒲田よりは目蒲電車で十五分。

我がモーター界は最近頗る進歩發達して國産自動車並に自動自轉車の製作技能も最早試驗時代を過ぎて、本格的に獨立事業化するに至つたことは我工業界に一大エポックを劃するもので、優秀な國産品が世界市場に雄飛して、産業日本の爲に萬丈の氣を吐く日も決して遠い事ではないと信じます。
又、モーター利用の一般化は必然的に其スポーツ化を促進誘致して壯快な競技上の魅力と感激はスピードを愛好する近代人の欲求を滿足させる最高の大衆的メカニカルスポーツでありませう。
以上の様な狀勢にあり乍ら今迄にモーターの科學的性能試驗場と其機能を充分に發揮させる施設のテストグラウンドが一ケ所もなかつたのは、寧ろ不思議な位でこの必然的な要求によつて多摩川スピードウエイは丸子多摩川畔に誕生したのであつて都心から非常に近く自動車で僅々二十分以内で達せられ而も清冽多摩川を控へ明朗な風光に惠まれた地點であります。如斯自然と人爲との好條件を兼備した所は他に求めることは出來ません。

使用料規定

◇競走大會使用料
一日　自動車　貳千五百圓
　　　オートバイ　貳千圓
◇時間貸
一時間　自動車（一台）壹圓
　　　　オートバイ（一台）五拾錢
　　　　オート三輪車（一台）參拾五錢
◇其他御使用方に付ては御相談に應じます

完成時に撮影されたと思われる多摩川スピードウェイの航空写真。コース全長1.2km、収容人員は大スタンド3万人と記述がある。

第1回全日本自動車競走大会——————— 1936年6月7日〔多摩川スピードウェイ〕

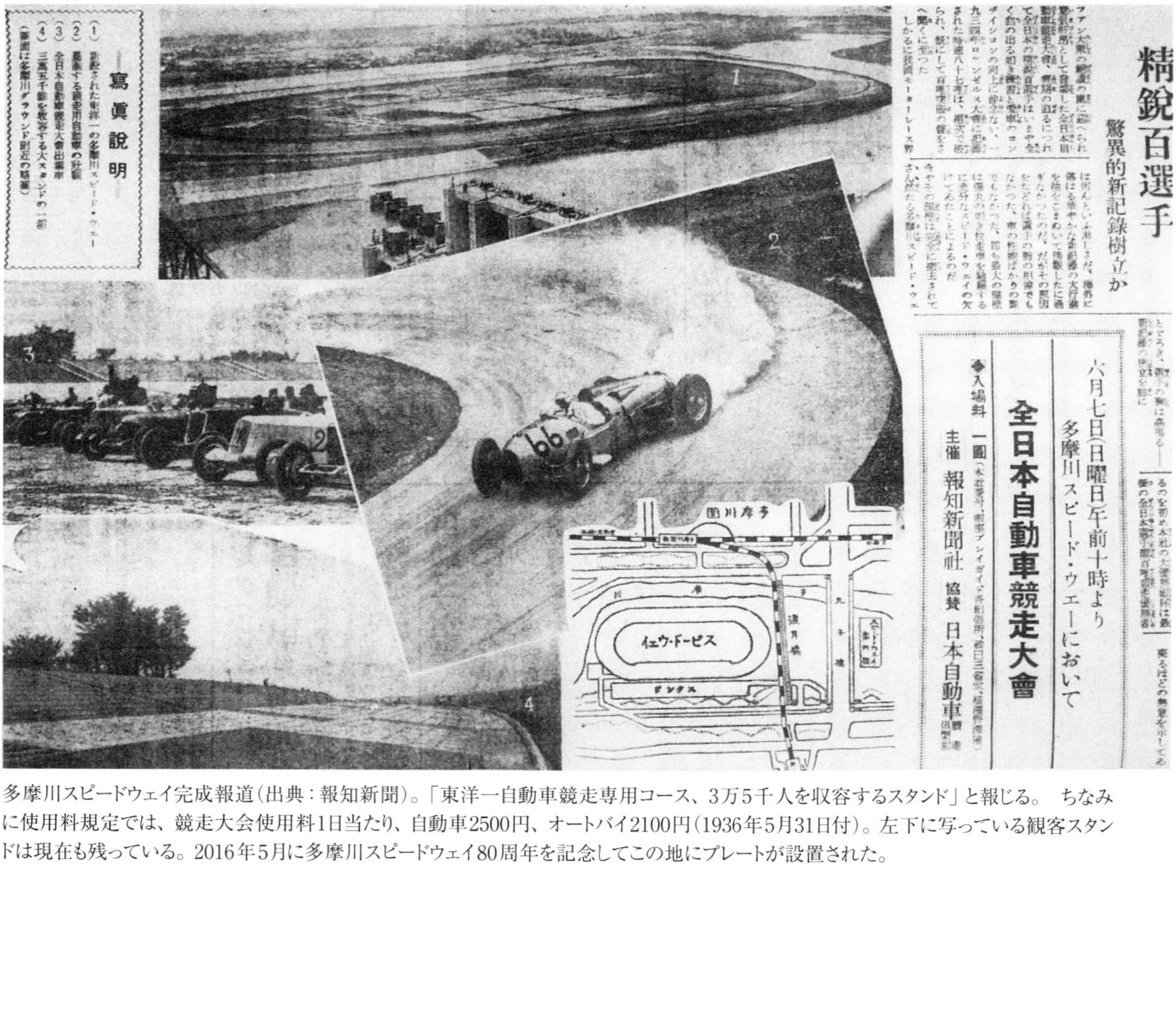
精鋭百選手
驚異的新記録樹立か

寫眞說明
(1)多摩川スピード・ウエー
(2)疾走する競走用自動車の壮觀
(3)全日本自動車競走大會出場車
(4)三萬五千觀衆を收容する大スタンドの一部
(寫眞は多摩川グラウンド附近の眺望)

六月七日(日曜日)午前十時より
多摩川スピード・ウエーにおいて
全日本自動車競走大會
◆入場料 一圓
主催 報知新聞社 協賛 日本自動車競走倶樂部

多摩川スピードウェイ完成報道(出典：報知新聞)。「東洋一自動車競走専用コース、3万5千人を収容するスタンド」と報じる。 ちなみに使用料規定では、競走大会使用料1日当たり、自動車2500円、オートバイ2100円(1936年5月31日付)。左下に写っている観客スタンドは現在も残っている。2016年5月に多摩川スピードウェイ80周年を記念してこの地にプレートが設置された。

今度こそ期待出來る
時速百哩の快走
コンディションの良化に
意氣揚る出場選手

本社《ほんしや》主催《しゆさい》、日本《にほん》自動車《じどうしや》競走《きやうそう》倶樂部《くらぶ》協贊《けふさん》の全日本《ぜんにつぽん》自動車《じどうしや》競走《きやうそう》大會《たいくわい》は各方面《かくはうめん》の歡呼《くわんこ》を浴《あ》びて、いよ〳〵明後《みやうご》七日（日曜日）午前《ごぜん》十時《じ》から東横《とうよこ》、目蒲《めかま》沿線《えんせん》多摩川《たまがは》スピード・ウエーにおいて擧行《きよかう》される、氣遣《きづか》はれてゐた天候《てんこう》も漸《やうや》く回復《くわいふく》して大會當《たいくわいたう》日は快晴《くわいせい》間違《まちが》ひなしとの豫報《よはう》を得《え》て、出場選手《しゆつぢやうせんしゆ》は勇躍《ゆうやく》新記錄《しんきろく》の樹立《じゆりつ》を目指《めざ》して精進《しやうじん》を續《つゞ》けてゐる、多年《たねん》期待《きたい》されつゝも從來《じゆうらい》數度《すうど》の大會《たいくわい》にろうとして拔《ぬ》くべくもなかつた時速《じそく》百哩《マイル》の障壁《しやうへき》は今度《こんど》こそ見事《みごと》破《やぶ》つて呉《く》れるであらう、それほど選手《せんしゆ》各自《かくじ》の意氣《いき》はさかんである、新裝《しんさう》の多摩川《たまがは》スピード・ウエーは着々《ちやく〳〵》手入れを行ひこれまた上々のコンディションにありスピード・スリルの興奮《こうふん》をいやが上《うへ》にもファン大衆《たいしゆう》へ與《あた》へることであらう

決定した番組

大會當日《たいくわいたうじつ》の番組編成《ばんぐみへんせい》については主催《しゆさい》本社《ほんしや》並《なら》びに協贊《けふさん》日本自動車競走倶樂部《くらぶ》において鋭意研究《えいいけんきう》の結果《けつくわ》、性能《せいのう》の按配《あんばい》、興味《きようみ》の點等《てんとう》を考慮《かうりよ》に入れ、左の如く決定《けつてい》した

▲入場式（午前九時三十分）出場全車參加し、場內を一周

▲ゼネラルモータース・カップレース（十五周、出發午前十時）參加車は四號マセデス、六號エムエーシー、二十號ハママツ、二十六號シボレー、二十九號ベントレー、三十二號シボレー

▲フォード・カップレース（十五周、出發午前十時三十分）參加車は十一號ハップモビール、二十一號ドラゴン、二十四號インビクター、二十五號マーモン、二十七號フォード、三十一號フォード、三十五號ヒランカ、四十一號フォード

▲國產小型レース（十周、出發午前十一時）參加車は一號ダットサン、三號ダットサン、十號ダットサン、十四號ダットサン、二十二號オータ、二十三號オータ

▲ボッシュ・カップレース（二十五周、出發午前十一時三十分）出場車混合、このレースには一着より三着までにカップを贈る外副賞としてボッシュからの賞金五百圓がある

▲商工大臣カップレース（三十周、出發午後一時）出場小型國產車全部參加

寫眞說明

左、右は本社前《ほんしやまへ》に集合《しふがふ》した出場車《しゆつぢやうしや》、中央《ちうあう》は競走車《きやうそうしや》の勇姿《ゆうし》、人物《じんぶつ》は右から五號《がう》ブガチー關根《せきね》宗次《そうじ》、七號《がう》ブガチー藤本讓二、二十九號《がう》ベントレー多田《ただ》健藏《けんざう》、二十一號《がう》ドラゴン尾崎《をざき》茂雄《しげを》、二十四號《がう》インビクター川崎次郎《かはさきじらう》、三十一號《がう》フォード三津石六郎、二十五號《がう》マーモン市川金四郎《いちかはきんしらう》、三十五號《がう》ヒラツカ內藤喜代治《ないとうきよぢ》、四號《がう》マセデス丸山哲衞《まるやまてつゑ》、三十二號《がう》オータ太田祐一《おほたゆういち》、六號《がう》エムエーシー森田《もりた》一郎の選手諸君《せんしゆしよくん》で、我國《くに》を代表《だいへう》する名ドライバーである

遲いのが勝
伊達里子も出場する
番外スロー・レース

▲番外スロー・スピードレース（出發午後一時四十分）トップで一周、最も遲く決勝點に入れるものを一等とし、參加者は伊達里子、高田稔、藤山一郎、伊東薫、紙恭輔、リキー・宮川、ディック・ミネ、古賀政男、宇留木浩、ヘレン・隅田等映畫界、劇壇、樂壇のスター十餘名で一着から三着までにダットサンカップの寄贈がある

（寫眞は伊達里子さん）

▲優勝カップレース（百周、出發午後二時三十分）全出場車の爭覇戰で大會第一の呼物、百周百二十哩に要する時間は何程か、時速百哩突破の大記錄は果して生れるであらうか、興味とスリルを盛る本レースの優勝車には報知新聞社長杯、同一着から三着までに日本自動車協會杯が贈られる

報知新聞の記事。丸囲みの顔写真のドライバーは左から、MACクライスラー・森田一郎、オオタ・太田祐一、メルセデス・丸山哲衛、ヒラツカ・フォード・内藤喜代治、マーモン・市川金四郎、フォードV8・三津石六郎、インビクタ・川崎次郎、ドラゴン・クライスラー・尾崎茂雄、ベントレー・多田健蔵、ブガッティ・藤本軍次、ブガッティ・関根宗次の各氏。記事の下部に番外スローレースが紹介され、写真は当時モダンガールの代名詞であった女優の伊達里子氏、また参加者に藤山一郎、ディック・ミネ、古賀政男氏らの著名人が並び、開催者の意気込みがわかる。（1936年6月5日付）　出典：報知新聞

第1回全日本自動車競走大会(以下第1回大会)における優勝カップレース。左からNo.25マーモン・市川金四郎、No.31フォード・三津石六郎、No.11ハップモビル・川越豊、No.24インビクタ・川崎次郎、No.21ドラゴン(クライスラー)・尾崎茂雄の各氏。優勝はNo.24インビクタ・川崎次郎氏、100周(120km)を1時間45分、平均時速70km弱で走った。2位はカーチス・榊原真一氏。観客席は埋め尽くされている。(1936年6月7日)

11
24
21

後列にもレーサーが並んでいるので、入場パレードのスタートシーンであろう。手前のNo.29は三井家当主・三井高公男爵のベントレー・多田健蔵氏。ゼネラルモータースカップ2位、優勝カップ3位の成績。多田健蔵氏は1930年、英国マン島TTレースに日本人で初参加し入賞している。後年、ホンダの英国マン島TT（ツーリストトロフィー）レース優勝にも貢献している。また、三井高公氏は自動車愛好家としても知られ、戦前はベントレー、イスパノ・スイザ、ブガッティ、ランチアなどヨーロッパの高級車やスポーツカーを常時10台以上所有した。

レースでの走行シーン。第1回大会は、簡易舗装の上に小砂利を撒いただけの荒れた路面の様子がわかる。コースアウトする車が続出し、2回目からコースの舗装が改善された。

No.24インビクタ、ドライバーは川崎次郎氏。ボディは梁瀬自動車で仕上げられた。このインビクタは信頼性が高く、多摩川スピードウェイの4回の全てのレースに出場した。この第1回大会では優勝カップレースで優勝。

写真右のNo.24がインビクタ(30馬力)・川崎次郎氏。No.35ヒラツカ(30馬力)・内藤喜代治氏。第1回大会の優勝カップレース前のシーン。成績はNo.24インビクタが優勝、No.35ヒラツカが6位。

疾走するNo.5三井チームのブガッティT35C・関根宗次氏。第1回大会・ボッシュカップレース（25周）にNo.7ブガッティT35A・藤本軍次氏と共に出場。No.7ブガッティT35A・藤本軍次氏は2位に入賞している。

右から、No.35ヒラツカ・内藤喜代治氏（リタイヤ）、No.7 ブガッティT35A（17馬力）・藤本軍次氏、No.2カーチス（48馬力）・榊原真一氏。優勝はNo.2カーチス、2位はNo.7 ブガッティT35A。荒れた路面の様子がよくわかる。（第1回大会ボッシュカップレース）

No.2カーチス・榊原真一氏。月島でのレース時のテール部分は、細い檜の骨組みに布を貼ったものであったが、このレースでは改造されている。またペイント文字もアート商会から榊原自動車工場に変えられた。カーチス号はこの大会をもって勇退した。

第1回大会におけるボッシュカップレース。右はNo.2カーチス・榊原真一氏、左はNo.7ブガッティT35A・藤本軍次氏。この2台がワンツー・フィニッシュした、優勝はNo.20カーチスで平均時速は約85km。

第1回大会におけるボッシュカップレース。No.5ブガッティT35C(＊)・関根宗次氏と、No.7ブガッティT35A・藤本軍次氏。成績はNo.7ブガッティが2位。車体後部の白い印は三井財閥の海運会社(現在は商船三井)の旗印。(＊ブガッティT35Bとの記載もあり)

浜松から参加の本田宗一郎氏のハママツ号。フォードB型の4気筒に自作の過給機を付けた車であった。GMカップレースでトップを走っていたハママツ号の前に突如ピットアウトしてきた車に激突して宙に舞った、その瞬間の写真である。その横をすり抜けるのはNo.6 MAC・森田一郎氏。（第1回大会）

事故後のハママツ号の姿。ドライバーの本田宗一郎氏と弟の本田弁二郎氏は大ケガを負った。

No.29ベントレー。第1回大会ではゼネラルモータースカップ2位、15周（約18km）を平均時速70kmで走った。1位はメルセデス。

No.29三井チームの3リットルのベントレー。ドライバーは、多田健蔵氏（多田氏は1930年、英国マン島ＴＴ２輪レースに日本人初参加で入賞し、着物を正装として現地の注目を集めた人物）。ちなみに、ベントレーの向こう側が田園調布で、眺めは現在もあまり変わらない。

No.29ベントレー3リットル。レースで重量のあるクルマが走ることによってコースはさらに荒れたという。

No.7ブガッティT35A。T35AはT35シリーズの中でも汎用タイプで、高価なブガッティの中では安価だった。時速150kmを出すブガッティの高回転型エンジンは、路面の荒れたレース場には不向きで、低速において大トルクなフォードV8などに苦戦した。

No.4メルセデス・丸山哲衛氏。4気筒1568cc、40馬力エンジンを搭載。第1回大会ゼネラルモーターカップで優勝。

東京・神田の中古車業の佐久間章商店が1933年のシボレーを改造した車。器用な修理屋が見よう見まねで作ったものらしいが、良くできている。多摩川スピードウェイのレースが始まる頃になると、アメリカ車の中古車を修理業者や整備工が、レーサーに改造・仕立てるようになってきた。No.26のドライバーは栄田義信氏。

この写真には、「1936(昭11)5月17〜18日多摩川スピードウェイにて(市川氏のマーモン)」との記述が残っており、第1回大会のNo.25市川金四郎氏の車だと思われる。P19のマーモンと同型車だろう。マーモンは1934年10月の月島埋立地の「飛入競走」において市川武男氏により優勝した記録も残っている。

第1回大会における商工大臣カップレース。右からNo.33 ダットサン・多田健蔵、No.23 オオタ・太田祐茂、優勝したNo.22 太田祐一の各車。No.23 オオタはスタンダード・ロードスター型（幌・フェンダーを外し軽量化し、エンジンは市販車のまま）での出場。このオオタの優勝で、日産のダットサン・チームが次期雪辱を期すこととなる。先頭の白いダットサンを見ると、やはり量販ロードスターの簡単な改造レーサーのようだ。

競走番組

競走種目	回數	出發時間	出場車番號
一、入場式	一周	午前 九時三十分	出場車全部
二、ゼネラルモータースカップレース	十五周	同 十時	4. 6. 17. 20. 26. 29.
三、フォードカップレース	十五周	同 十時三十分	11,21,24,25,27,31,35,41
四、國産小型レース	十周	同 十一時	1. 3. 14. 19. 22. 23. 33
五、ボッシュカップレース	二十五周	同 十一時卅分	混合
六、商工大臣カップレース	三十周	午後 一時	國產小型全車
七、番外スロースピードレース（ダットサン使用）	一周	同 一時四十分	映畵スター・樂壇人
八、優勝カップレース	百周	同 二時三十分	全出場車爭覇戰

優勝カップレースには報知新聞社長盃を優勝車に、日本自動車協會盃を一、二、三着に贈る

スロー・スピード レースにはダットサン カップを 一、二、三着に贈る

出場車一覧表

車輛番號	車名	馬力	氣筒數	選手	生產國
1號	ダットサン	八	四	澤口武雄	日本
2號	カーチス	四八	八	榊原眞一	米國
3號	ダットサン	八	四	內山駒之助	日本
4號	マセデス	一五	四	九山哲衛	獨逸
5號	ブカチー	一七	八	關根宗次	佛國
6號	エム・エー・シー	二六	六	森田一郎	米國
7號	ブカチー	一七	八	藤本軍次	佛國
11號	ハップ・モビール	三二	八	川越豊	米國
14號	ダットサン	八	四	ヂョーヂ・藤本	日本
17號	クライスラー	二八	六	大塚鐘二	米國
19號	ダットサン	八	四	石井正愛	日本
20號	濱松	二四	四	本田惣一郎	米國
21號	ドラゴン	二八	六	尾崎茂雄	米國
22號	オータ	八	四	太田祐一	日本
23號	オータ	八	四	太田祐茂	日本
24號	インビクター	三〇	六	川崎次郎	英國
25號	マーモン	二八	八	市川金四郎	米國
26號	シボレー	二六	六	柴田義信	米國
27號	フォード	三〇	八	木村安治	米國
29號	ベントレー	一五	四	多田健藏	英國
31號	フォード	三〇	八	三津石六郎	米國
33號	ダットサン	八	四	多田健藏	日本
35號	ヒラッカ	三〇	八	內藤喜代治	米國
41號	フォード	三〇	八	三澤健次	米國

第1回大会における競技プログラムと出場車一覧表　20号車の選手は本田惣一郎となっているが、本田宗一郎が正しい

第1回大会におけるボッシュカップの表彰式を終えて。左から 2位のNo.7ブガッティ・藤本軍次、優勝のNo.2カーチス・榊原真一、3位のNo.11ハップモビル・川越豊の各氏。

2
11

多摩川スピードウェイにおける第1回大会で、国産小型車レース10周と商工大臣カップ30周で優勝したNo.22のオオタ・レーサー。エンジンは4気筒SV（側弁式）、748cc、ツインキャブレターで23馬力。高い耐久性と性能は太田祐雄氏の技術と経験の深さの所産である。ドライバーは太田祐一氏。オオタ・レーサーNo.22の左前方からの写真であるが、これも製作工場内部で撮影されたもの。上部に加え、エンジン冷却用のスリットがサイドにも設けられている。

オオタ・レーサーNo.22。エンジンフードのストラップは片側2カ所のたすき掛けで、上部が1カ所にまとめられている。エンジンフードの開閉を素早く簡易にする配慮だろうか。

戦前のオオタとダットサン

多摩川スピードウェイのレースが戦前に開催されたのは、日本が国産車の技術向上を図り、国産自動車の産業育成政策と関連している。特に日本で組立製造されていたフォードとシボレーに席巻されていた中型サイズ車は避け、小型自動車への優遇策（免許申請制、車庫不要、低税金）が施行されている。この小型車への優遇対象は、1933年に排気量750ccに引き上げられた。当時、その優遇対象はダットサンが主だったが、オオタも加わっていた。この同排気量同士のダットサンとオオタの競走は、実質の国産2強対決として大きな関心事になっていた。

オオタ・レーサーNo. 22のボディサイドには、ゼッケンナンバーに加えて、「BABY　BULLET」の文字が入っている。直訳すると“小さな銃弾（弾丸）”といった愛称になる。またマシンの背後に見えるオオタの工場と思われる建物の天井部分には、「オオタ号」の文字が大きく描かれていることに注意して欲しい。

上と同じマシンと思われるオオタ・レーサーNo. 22の後方からの写真。工場内の写真で、ボディに映った蛍光灯のハイライトにより、紡錘形状のテールのデザインが良くわかる。リア上部に取り付けられたアルミ製と思われる部品は、燃料給油用のキャップだろう。フロント・リア共リジッドアクスルは、タテ置きのリーフスプリングであった。

第2回秋季自動車競走大会 ——— 1936年10月25日〔多摩川スピードウェイ〕

雪辱を期した日産

「競走開始となると、ダットサン車には日産本社より300余名の従業員が応援団を組織して、中央スタンドの最前列を陣取ってリーダー山田君の鮮やかな手振り面白い見事な応援振りは観衆の大喝采を博し、ダットサンのアドバルーンなどと共に終始一貫、会場の人気はダットサンに集中されているかの観を呈していた。（中略）欧米の自動車競走が今日の如き隆盛を極めたのは、一つに自動車製造会社が自製競走車の優秀成績を納めて天下にその名を登場すると共に、弛まざる技術の改良進歩を目指す一石二鳥の策として、競走そのものに絶大なる支持を与えている。」（出典：「スピード」1936年12月号）

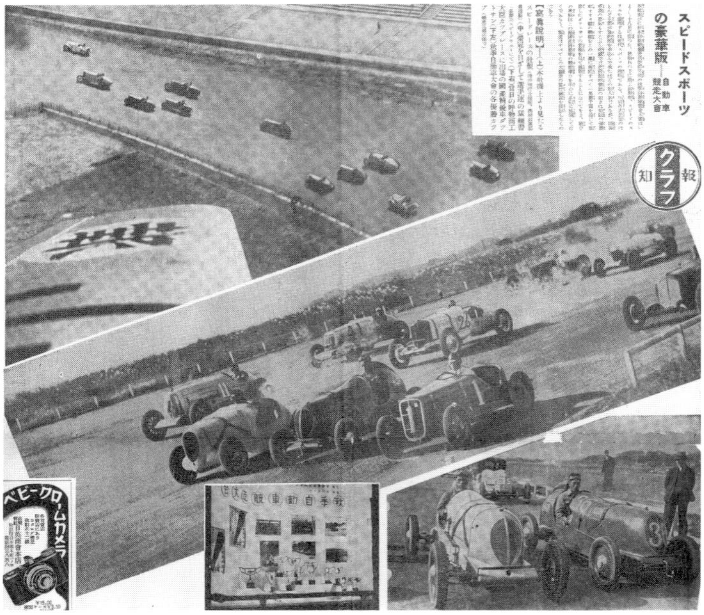

第2回秋季自動車競走大会（以下第2回大会）新聞の予告。当初は10月18日が開催予定日であるが、レースは翌週の10月25日に催されている。下側にNo.36ダットサンと、練習中事故で不参加となるNo.23（白）のオオタの写真が掲載されている。
記事には、在郷各大公使のほとんどから予約席の申込みがあったこと、日産が優勝奪回のため1万数千円を投じ、新鋭ダットサンを準備していることなどが報じられている。（1936年10月17日刊）

当時の報知新聞の記事より。内容に「弾道のスリル」「舶来を向ふに」とあり、ライバルの外国車に対する国産レーサーの意気込みが伝わる。

第2回大会におけるA級決勝ボッシュカップレースのスタート。右からNo.15 ダッヂブラザーズ・金井順一、No.6 クライスラー・後藤紫朗、No.18 ダットサン・安斎平八郎の各氏。優勝はNo.27 フォード・木村安治氏、2位はNo.15 ダッヂブラザーズ・金井順一氏。

第2回大会における商工大臣カップのスタート。No.19ミゼット・オブ・ドリーム以外は全てダットサン。結果は、1位から6位までダットサンが独占の圧勝。No.19ミゼット・オブ・ドリームは7位で、この車は元オートバイ・レーサーであり、国産FF車「筑波号」の設計者の川眞田和汪氏が開発・製作した。このミゼット・オブ・ドリームのエンジンは、スポンサーのハネダエンジンを積み、石井正愛氏がドライブした。

第2回大会・グッドリッチカップ（15周）のスタート。右からNo.18ダットサンNL-75、No.36ダットサンNL-75、No.4メルセデス。優勝はNo.19ミゼット・オブ・ドリーム。当時の“競技ルール”によると「1. スタンディングスタート（普通法）出発線（スタートライン）に車両前面をそろえ、スタート合図にてレースを開始するもの。2. フライングスタート（助走付スタート法）レース車は一列に横に並びつ、リード車によりリードされつ、一周または半周あるいは第4コーナー辺りより走行をはじめ、そのまま出発線通過後レースに移るものとす（リード車は、直ちにピットに入るものとす）」【一部現代かなづかいなどに変更】と2種類のスタート方法が示されている。

第2回大会・グッドリッチカップの走行シーン。右からNo.4メルセデス・丸山哲衛氏、No.19ミゼット・オブ・ドリーム、No.36ダットサン・加藤一郎氏、No.25フィアット・市川金四郎氏。写真の下側に「日産自動車指定席」と書かれたのぼりがあり、応援に力が入っている様子が伝わる。

No.23(白)オオタ・太田祐一氏は走行練習中の事故で怪我、マシンも大破して不参加となった。隣はダットサンNo.36。この後、日産は軍用トラック生産に追われることになり、レースから撤退してしまうので、オオタとダットサンの戦いはこのレースをもって終わった。この写真はレースの前に撮影されたもの。(P60中段下にある新聞広告カットの別の角度から撮影されたものと思われる)

本社工場前を出発するダットサン・チーム。仮ナンバーを付け、自走して多摩川スピードウェイに向かうレーサーたち。先頭のレーサーでは選手とサービス部員が未だエンジンのチェック中。左の白衣は技術員であろう。中央のNo.18はDOHC+ルーツ式スーパーチャージャー過給エンジン、一部にセミモノコック構造を採用したアルミ製ボディの本格レーサー、エンジン音を周囲に轟かせたのだろう。

3

第2回大会・商工大臣カップ。No.3はNL-76・野辺五郎氏、No.38はNL-76・大津健次氏、後方のNo.36はNL-75・加藤一郎氏。No.38・No.3のダットサンNL-76は、SV(側弁式)の市販エンジン722ccに遠心式過給機により22馬力/4000rpmを発生。No.36のダットサンNL-75は、DOHC747ccエンジンにルーツ過給機を装着した、3ベアリングの純レーシングモデル。

商工大臣カップ表彰を受けるダットサン・チームNo.18・安斎平八郎選手。20周を平均時速100kmで走る。第1回大会の商工大臣カップ30周で優勝したオオタの平均時速60kmから格段にスピードアップしている。カップを渡すのは、競技長・唐原陸軍少佐であろうか。白い上着は大会スタッフで、帽子にNARC(日本自動車競走倶楽部)と書かれている。

レース直後のダットサン・チームの記念撮影。商工大臣カップレース優勝のNo.18がDOHC+ルーツ式過給機のNL-75、3位のNo.3は生産型エンジン+過給機のNL-76。写っている人物はレースの関係者のほぼ全員で、前列左から4人目がレース計画の中心人物、渡辺十輔常務、その左隣が内田慶三営業課長。後列右から7人目の黒い着衣がボディデザイン担当の富谷龍一氏。後列中央の背の高い人物がチーム監督の呂畑正春組立課長。左端が入社2年目の片山豊氏。ドライバーは前列右から大津、安斎、河野、川島、加藤、野辺各選手、いずれも日産の社員。

ダットサンNo.18の走行シーン。日産はこの第2回大会以後、軍用車両の生産に追われレースから離れていった。レースへの復帰は戦後の1950年代となる。

ダットサンNo.18 NL-75。商工大臣カップ優勝車である。DOHC747ccエンジンにルーツ過給機を装着した、3ベアリングの純レーシングモデルである。日産自動車は、鮎川義介による必勝の指示のもと、1936年6月の第1回大会のレースから僅か4ヵ月の間に4台のレーサーを作り上げた。

ダットサンNo.18 NL-75の前面の写真。フロントサスペンション形状がタテ置きリーフなのがよくわかる。第1回大会のレースでは、市販ダットサンを小改造しただけの車であったが、第2回ではデザイン担当の富谷龍一氏を中心に、スタイリングされたレーサーが短期間で作られた。

ハネダレーサーNo.19 ミゼット・オブ・ドリーム（Midget of Dream＝夢の小法師）の関係者。多摩川スピードウェイでのレースが盛んになるとこのように、日本の小さな機械メーカーがレースに参加する環境と技術を身に付けていった。日本人にとって、自動車競走が身近なものになってきた証のひとつである。

ハネダレーサーNo.19 ミゼット・オブ・ドリーム、第2回大会・グッドリッチ・カップ・レースでの疾走の様子。ミゼット・オブ・ドリームは、2ストローク2気筒500ccの前輪駆動車で、小型・軽量なこのレーサーは、短距離で荒れた路面状態のコースに適していた。

ハネダレーサーエンジンと関係者達。元オートバイのレーサーで前輪駆動小型車「筑波号」の設計者・川眞田和汪氏が設計したミゼット・オブ・ドリームは、第2回大会・グッドリッチ・カップ・レースで優勝した。

川眞田和汪について

オートバイ・レースのチャンピオンでもあった東京の川眞田和汪氏は、1929年頃から前輪駆動のアメリカ車の「コード」を研究のため乗り回した。そして1931年わが国初の小型前輪駆動車「ローランド号」を製作。その後、東京自動車製造㈱を、当時の代表的な自動車製造会社であった汽車製造㈱と㈱石川島自動車製作所の共同事業で設立した。東京帝国大学・隈部一雄教授らの協力も得て、1934年「筑波号」を製造した。この車は川眞田氏独自の設計で、約4年間で130台ほど製造、販売されている。

1936年、国の施策「自動車製造事業法」により、東京自動車製造㈱は小型自動車製造ができなくなり解散した。

川眞田氏はその後、個人経営の「ハネダ・モータース社」を立ち上げ、新設計の「ハネダ」エンジン（小型発動機船用の水冷2気筒2サイクルエンジン）の開発・製造を開始した。その「ハネダ」エンジンを使って、総ジュラルミン製の純レーサー「Midget of Dream」を製作し、1936年10月の第2回全日本自動車競走会に出場。グッドリッチカップレースでは石井正愛氏がドライブし、1着になっている（2着はダットサン）。しかし商工大臣カップレースでは、ダットサンが1～6位を独占し、ミゼット・オブ・ドリームは7位だった。

第3回全日本自動車競走大会 ——— 1937年5月16日〔多摩川スピードウェイ〕

第1回、第2回大会とオオタとダットサンの国産小型自動車の戦いは、人々に大きな関心を呼んだ。しかし第3回全日本自動車競走大会(以下第3回大会)以降は、ダットサンは参加せずオオタのワンメイク・レースとなった。日産が軍用車両の量産に追われ、レースどころではなくなってしまったのが原因のひとつと考えられる。第3回開催の2ヵ月後には日中戦争が始まった。この時期にまだレースができたのも不思議である。

それは、国としても急がれる国産自動車工業育成策や国威を発揚する場として、マスコミも含めた自動車競走への支援がされたと考えられる。国産車ダットサンの参加はなかったが、オオタが覇者として気を吐いた。

4月22日付の新聞記事(写真・左)には「全日本自動車競走」と書かれているが、第3回全日本自動車競走大会の開催告知広告である。「5月2日(日曜)午前九時」と開催日時が書かれているが、天候の関係でレースは延期され、実際には5月16日に行なわれた。4月28日付の新聞記事(写真・右)では、レースのプログラムも明確に記されており、大会運営が整然となされるようになったことがわかる。
出典:報知新聞

全日本自動車競走展望【下】

呼物は優勝レース

第八第九と共に五十周に擴大

當日呼び物のレースは何といつても第八レースの商工大臣カップレース及び第九レースのボッシュカップレースと最後の優勝(會長カップ)レースだ、これは前回までは各三十周であつたが今回はこれを五十周とし六十キロの大レースとなつた、なほ優勝レースの前驅ともみるべきものに第六の一級車レースがある

◇一級車レース(十五周)

一一號ハップモビール(尾崎)一五號ダッチブラザー(金井)二七號フォード(木村)三一號フォード(臼井)四一號フォード(三澤)の顏觸れ、二七號木村選手は前回の選手權保持者であり、一五號金井選手は惜しくも木村選手に敗れて二位に甘んじなければならなかつたので今回はその復讐戰だ、宿緣的な兩者の爭ひこそは大會の白眉、さてこそ兩者連日猛練習を積んで榮冠へ待機してゐる、この兩者に迫るものは三一號の臼田選手であらう

◇商工大臣杯レース(卅周)

過去五五馬力のカーチス號でしばしば榮冠を獲得した榊原選手が今回は國産自動車のため萬丈の氣焔を吐くべく小型オオタ號を驅れば、前回商相カップを獲得した太田選手、人氣者『夢の小法師』で肉薄する石井選手、その他新人、舊人の選手が同一車を以て如何なる作戰に出るかスピード萬能の興味本位でこれを見るよりも、國産自動車の燃料經濟競爭、積載量あるひは各種性能試驗の點に留意して見るとき、更に興味津々たるを覺えるであらう

◇ボッシュカップレース(五十周)

◇B級決勝レース(三十周)

◇寫眞は第二回選手權

◇優勝會長カップレース(五十周)

昨秋のレースにおいてはコースは完成に近いものではあつたが選手は練習不足とコースの不馴れのため優秀な新人は數多くありながらつひに老練が新人群を抑へて二七號木村選手がペナントを獲得したのであつた、しかるに今回は漸くグラウンドにも馴れたところへ、練習も激しくいづれも覇座へ虎視耽々たるものがあるので老功木村選手が三連勝の制覇もさうたやすく成就するものとも思はれぬながら、依然覇者の貫禄にある、これに肉薄するもの十五號の金井選手、六號後藤選手、二五號內藤選手、二四號川崎選手等で、また車において優勝に迫るもの國産車にありては定評ある二號榊原選手、廿三號の太田選手のオオタ號等がある、諸强豪へ國産小型の果敢な挑戰振りに聲援を惜んではならぬ

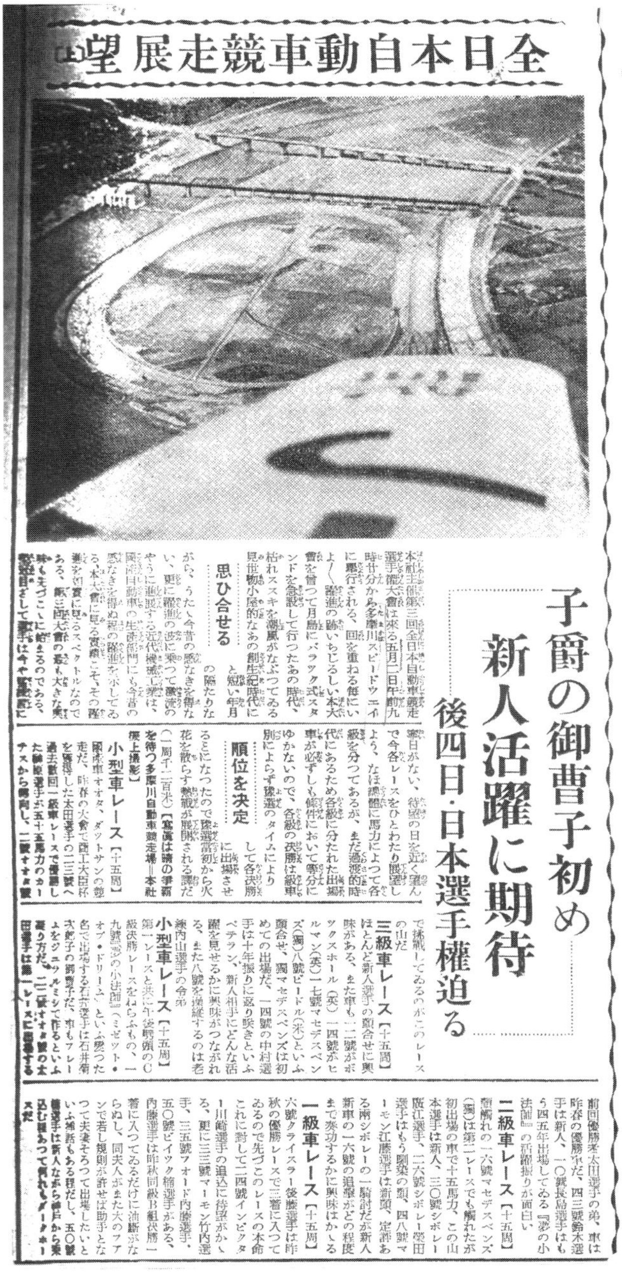

全日本自動車競走展望(上)

子爵の御曹子初め 新人活躍に期待

後四日・日本選手權迫る

本社主催第三回全日本自動車競走選手權大會は來る五月二日午前九時廿分から多摩川スピードウエイに擧行される、回を重ねる毎にいよいよ躍進の跡いちじるしい本大會を曾つて月島にバラック式スタンドを急設して行つたあの時代、枯れスヽキを潮風がなぶつてゐる見世物小屋的なあの創生紀時代にと短い年月の隔たりながら、うたゝ今昔の感なきを得ない、更に躍進の波に乗つて激流のやうに進展する近代機械工業は、國産自動車の生産部門にも今昔の感なきを得ぬ程の躍進を示してゐる、本大會に見る實體にこそ、その躍進を如實に見るスペクトルなのである、既三回大會の最も大きな興味もまづこゝに始まるのである、黎明期を目ざして選手は今や跳躍に餘日がない、待望の日を近く望んで今各レースをひとわたり展望しよう、なほ總體に馬力によつて各級を分つてあるが、まだ過渡的時代にあるため各級に分たれた出場車が必ずしも條件において等分にゆかないので、各級の決勝は級車別によらず豫選のタイムにより

思ひ合せる

順位を決定

して各決勝に出場させることになつたので豫選當初から火花を散らす熱戰が展開される譯だ(一周千二百米)【寫眞は晴の爭覇を待つ多摩川自動車競走場＝本社機上撮影】

小型車レース【十五周】

國産車オオタ、ダットサンの競走だ、昨春の大會で商工大臣杯を獲得した太田選手の二三號へ過去數回一級車レースで優勝した榊原選手が五十五馬力のカーチスから轉向し、二號すすき號で挑戰してゐるのがこのレースの山だ

三級車レース【十五周】

ほとんど新人選手の顏合せに興味がある、また車も二二號がボツクスホール(英)一四號がヒルマン(英)一七號マセデスベンズ(獨)八號ビードル(米)といふ顏合せ、獨マセデスベンツは初めての出場だ、一四號の中村選手は十年振りに返り咲きといふベテラン、新人相手にどんな活躍を見せるかに興味がつながれる、また八號を操縦するのは老練內山選手の令弟

小型車レース【十五周】

第一レースと共に午後戰頭のC級決勝レースをねらふもの、一九號『夢の小法師』(ミゼット・オブ・ドリーム)といふ變つた名で出場する石井選手は石井菊次郎子の御曹子だ、車もフレームをジュラルミンで作るといふ凝り方だ、二二號すすき號の太田選手は第一レースに出場する前回優勝者太田選手の弟、車は昨春の優勝車だ、四三號鈴木選手は新人、一〇號長島選手はもう四五年出場してゐる『夢の小法師』の活躍振りが面白い

二級車レース【十五周】

顏觸れの一六號マセデスベンツ(獨)は第二レースでも觸れたが初出場の車で十五馬力、この山本選手は新人、三〇號シボレー鹿江選手、二六號シボレー柴田選手はもう馴染の顏、四八號マーモン江藤選手は新顏、定評ある兩シボレーの一騎討だが新人新車の一六號の追擊がどの程度まで奏功するかに興味はかゝる

一級車レース【十五周】

六號クライスラー後藤選手は昨秋の優勝レースで三着に入つてゐるので先づこのレースの本命これに對して二四號インビクタ－川崎選手の追込に待望がかゝる、更に三三號マーモン竹內選手、三五號フォード內藤選手、五〇號ビイック楠選手がある、內藤選手は昨秋同級B組決勝一着に入つてゐるだけに油斷がならぬし、同夫人がまた大のファンで若し規則が許せば助手となつて夫妻そろつて出場したいといふ挿話もある程だし、五〇號楠選手は新人ながら神戸から乗込む程あつて何れもダークホースだ

開催日が近くなると「全日本自動車競走展望」と題した新聞記事が【上・下】(※写真・右が【上】4月28日付、写真・左が【下】4月29日付)の二回にわたり掲載された。【上】では、小型車、三級車、二級車、一級車という馬力によるクラス別で行なわれる各レース(予選)について、【下】では、商工大臣カップレースやボッシュカップレース、そして最終の優勝会長カップレースなどの決勝について、出場する選手や車両の紹介をはじめとしたレースの見どころを読者に伝えている。また、「まだ過渡期的時代にあるため各級に分かれた出場車が必ずしも条件において等分にゆかないので、各級の決勝は級車別によらず予選のタイムにより順位を決定して各決勝に出場させることになった」と記述があるように、決勝レースは予選タイム上位の出場車がクラスの隔てなく入り混じることとなったようだ。(1937年4月28・29日付)出典：報知新聞

趣味
緑風をつん裂く
初夏のスリル
本社主催 全日本自動車競走大會迫る
練習にカメラ陣殺到
折から

新聞の予告記事に「決勝レース」はクラス別ではなく、予選タイム上位が国内外車が入り混じって競走するとあり、この新聞にも「国産車と外国車との対抗戦だ」と書かれている。国産レーサーが海外のレーサー相手に互角に渡り合うことが期待されていた。下の写真（手前はオオタ・レーサー）では、本戦を前に猛練習する各車を撮影している報知新聞写真連盟の会員たちが大勢写り込んでいる。記事内には「大空にとどろく爆音!飛び来る弾丸自動車、シュッシュッとシャッターを切るカメラ陣、全く近代の科学と機械と人間のこん然一体となった豪華版だ」との記述もある。自動車競走人気は盛り上がりを見せ、入場券の売れ行きも快調で、特別指定席の5円券（普通券1円）も大半は売れたという。（1937年5月1日付）出典：報知新聞

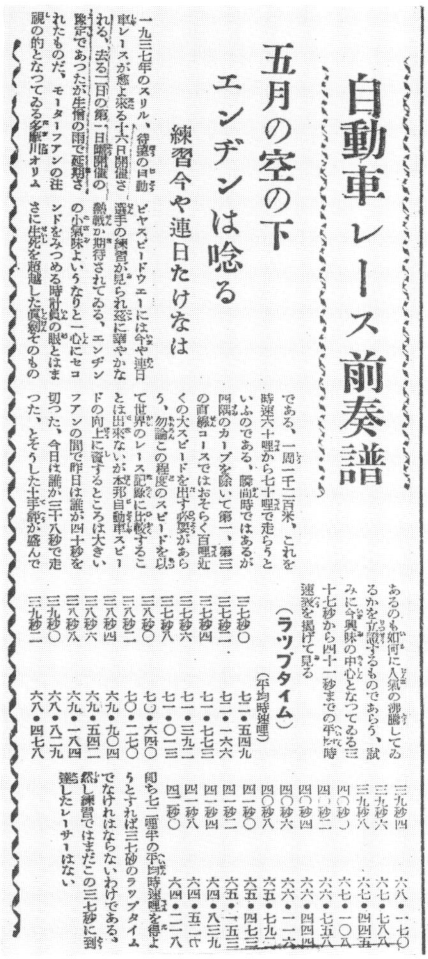

自動車レース前奏譜

五月の空の下 エンジンは唸る

練習今や連日たけなは

一九三七年のスリル、待望の自動車レースが愈よ來る十六日開催される、去る二日の第一日曜開催の豫定であつたが生憎の雨で延期されたものだ、モーターファンの注視の的となつてゐる多摩川オリムピヤスピードウエーには今や連日選手の練習が見られ茲に華やかな熱戦が期待されてゐる、エンジンの小氣味よいうなりと一心にセコンドをみつめる時計員の眼とはまさに生死を超越した眞劍そのものである、一周一千二百米、これを時速六十哩から七十哩で走らうといふのである、瞬間時ではあるが四隅のカーブを除いて第一、第三の直線コースではおそらく百哩近くの大スピードを出す必要があらう、勿論この程度のスピードを以て世界のレース記錄に比較することは出來ないが本邦自動車スピードの向上に資するところは大きいファンの間で昨日は誰が四十秒を切つた、今日は誰が三十八秒で走つた、とそうした土手話が盛んであるのも如何に人氣の沸騰してゐるかを立證するものであらう、試みに今興味の中心となつてゐる三十七秒から四十一秒までの平均時速表を掲げて見る

(ラップタイム)	(平均時速哩)
三七秒〇	七二・五四九
三七秒二	七二・一六六
三七秒四	七一・七七三
三七秒六	七一・三九二
三七秒八	七一・〇一三
三八秒〇	七〇・六四〇
三八秒二	七〇・二七〇
三八秒四	六九・九〇四
三八秒六	六九・五四二
三八秒八	六九・一八四
三九秒〇	六八・八二九
三九秒二	六八・四七八
三九秒四	六八・一七〇
三九秒六	六七・七八八
三九秒八	六七・四四五
四〇秒〇	六七・一〇八
四〇秒二	六六・七五八
四〇秒四	六六・四四四
四〇秒六	六六・一一六
四〇秒八	六五・七九二
四一秒〇	六五・四七三
四一秒二	六五・一五三
四一秒四	六四・八三九
四一秒八	六四・五二六
四二秒〇	六四・二一八

即ち七二哩半の平均時速哩を得ようとすれば三七秒のラップタイムでなければはならないわけである。然し練習ではまだこの三七秒に到達したレーサーはない

第3回大会の開催を伝える事前告知の新聞記事。事前の練習走行では、1周1,200mを時速60マイル(約96km)～70マイル(約112km)で走っていることが書かれており、第1、第3の直線コースでは時速100マイル(約160km)ほど出す必要があると説明している。そしてファンの間では、何秒で誰が走っていたかという話題で盛り上がっていて、こうした自動車レースの人気が沸騰していることが書かれている。また、当時興味の中心となっていたラップタイムは37秒から41秒あたりであり、そのラップタイムにおける平均時速を算出し、ファンに向けて記事内に記している。掲載されている1周当たりの主なラップタイムと時速を紹介すると、38秒(平均時速70.640km/h)、39秒(平均時速68.829km/h)、40秒(平均時速67.108km/h)、41秒(平均時速65.473km/h)となっている。優勝タイムの目標を1周37秒(平均時速71.549km/h)として、練習走行ではまだ37秒を切った人はいないと書かれている。※1マイルを1.6kmで算出(1937年5月※日付不明)出典：不明

昭和十二年五月十四日　自動車情報　金曜日　二百四十號　(1)

自動車情報

壯絶!!近代科學の華

オール日本 自動車競走大會

新興日本の精鋭覇を爭ひて起つ

新記錄目指す一大熱戰譜

皐月晴れの薫風を截つて、彼多摩川畔の翠巒に圍まれた東洋一の丸子大スピードウエーに碧空高く炸烈する近代科學の華自動車競爭大會は愈よ明後十六日(第三日曜)早朝のしゞまを破つて決行される準備全く成り、榮ある出場を待つ大和男の子の意氣は揚り、闘志に燃へるその眉宇には倒れて後止むの決意も固く、スタートの旗一閃陸の彈丸は全スタンドの興奮とスリルの熱叫を貫いて走るよ走る初夏の大空を亂打する爆音の響は宛かも日本オートスポーツの黎明を報ずるが如くであらう

大會々長 唐原少將

御歸りには綱島温泉へ

流星に似たり!

第3回大会の開催2日前に掲載された1面のトップ記事で、「壮絶!! 近代科学の華」という大見出しの表現をもって当時の自動車レースの功績と人気の高さについて大きく評価していることが興味深い。また、記事の後半には、大正10年の秋に開催された洲崎埋立地でのレースにも触れており、内山氏(チャルマー)、藤本氏(ハドソン)、第3回大会の委員長である比原氏(アリエル)などの参戦が4、5回に渡って続けられていたことが書かれている。(1937年5月14日付)出典：自動車情報

第3回レース開催を知らせる新聞の記事。右上のNo.50ビュイックはその後、練習中に事故を起こしている。中段は報知新聞本社前の市内パレード、優勝カップは「商工大臣杯」である。（1937年5月15日付）　出典：報知新聞

1937年7月18日のレース

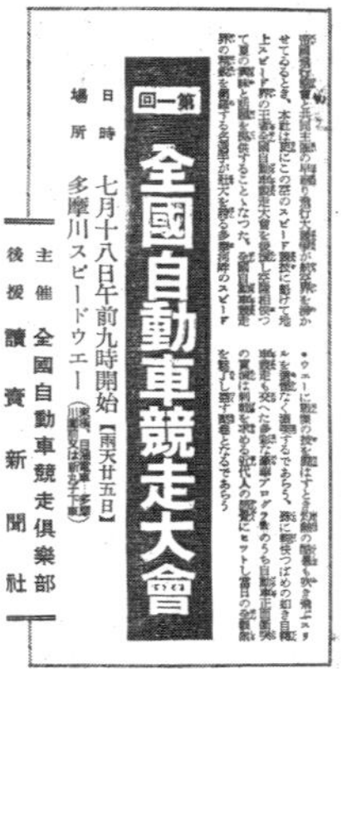

他にもあった多摩川のレース

全日本自動車競走大会の第3回（1937年5月16日）と第4回（1938年4月17日）の間、1937年7月18日に全国自動車競走大会が多摩川スピードウェイで開催されている。主催は全国自動車競走倶楽部、後援は読売新聞社（大会名と主催者名が４大会と微妙に違っている）。事前予告の新聞記事（7月8日付）では「帝国飛行協会と（本紙：読売新聞の）協同主催の早廻り飛行大競走が航空界を沸かせているとき、本社は更にこの空のスピード競技にさきがけて地上スピード界の王者全国自動車競走大会を後援し空陸相まって夏の興味と話題を提供する」と書かれている。

第3回大会における全車入場パレード。第1回大会に比べ、コースの路面や内側の柵が整備された。国産レーサーのオオタなどが堂々とパレードしている。

上の写真と同様、全車入場パレード。第3回大会はダットサン勢が欠場し、国産車はオオタのみ。先導車まで市販車のオオタ・フェートンが使われた。

前3台はすべて国産小型車のオオタ。観客席の熱気がよくわかる。左端のNo.2のオオタのドライバーは1936年までカーチス号を操縦していた榊原真一氏。オオタの太田祐雄氏と榊原郁三氏（真一の兄）は、日本の航空のパイオニアの一人である男爵伊賀氏広（いがうじひろ）氏の元で航空について学んだ同僚であった。

第3回大会・一級車クラスレース、15周のスタートの様子であろう。手前からNo.30シボレー・廣江要一郎氏、No.6クライスラー・後藤紫朗氏、No.27フォード・木村安治氏。このレースでも1位の平均時速は105kmであり、平均時速が100kmを超えている。

第3回大会におけるボッシュ杯50周レース。右からNo.35フォード、No.41フォード、No.11ハップモビル、No.15ダッヂ、No.23 オオタ。優勝はダッヂブラザーズ・金井順一氏で平均時速107km、2位はNo.11ハップモビル・尾崎茂雄氏、3位はオオタ・太田祐一氏。スタート直前の写真らしく、各マシーンにはエンジンを押し掛けしてスタートする為の人員がマシン後部に待機していることに注意。

写真の左はNo.31フォード、右はNo.21ドラゴン。優勝会長カップレース50周では木村安治氏のフォードが、平均時速106kmで優勝している。ちなみに第1回大会における平均時速は70km前後であった。路面などのコースコンディションが改善されたこともあるが、レースを重ねることによって、運転技術とマシン性能が著しく向上したことが平均時速をみてもわかる。

レースの優勝カップが並ぶ。それぞれのクラス別にサイズも形も異なる優勝カップが用意されていたことがわかる。カップの後ろに、報知新聞本社前より市内行進した様子の写真がある。

開会式での国旗掲揚中の様子。同じオオタのレーサーでありながら、ボディデザインは大きく異なる。背景に朝靄の中、東横線の鉄橋のシルエットが浮かんでいる。

第3回大会・国産小型車レースのスタートを待つオオタ(手前の2台)。2台のオオタ・レーサーのスタイリングに対して、最右のマシンはやや古さを感じる。

中央のNo.2オオタのドライバー・榊原真一氏。榊原氏は第3回からはオオタで出場している。第3回大会・小型車15周で3位、商工大臣カップで5位の成績だった。商工大臣カップ30周で優勝のオオタ・太田祐一氏の平均時速は約97kmだった。（写真は小型車レース）

楠正武氏のNo.50ビュイックは、東横線の橋脚に激突、写真の姿となった。性能が向上し、時速100km以上のスピードレースとなると、このような事故も当然起こっている。当時の多摩川スピードウェイの、コース設計上の限界を感じる出来事である。この写真の正確な年度は不明だが、写真には1937(昭和12)年5月と記載されているので、第3回大会と思われる。

No23オオタ、No.22オオタの手前に「オオタ」の横断幕。「性能無比、優秀小型」が掲げられている。

力走するNo.23オオタ、ドライブするのは太田祐一選手。第3回大会・商工大臣カップレース30周で優勝。平均時速は97km/h。

第何回大会のものかは定かではないが、
当時の商工大臣杯(カップ)。

第3回大会の表彰式。唐原與次会長(陸軍少将)からカップを受ける太田祐一選手。カップの形状から商工大臣杯と思われる。

第3回大会・国産小型レースに優勝したNo.22はオオタ・太田祐治氏（次男）であり、その横に立っているのは、太田祐茂氏（三男）。オオタK-7型736ccエンジンを改造し、生産型の部品を軽量化した。右のNo.23 オオタ・太田祐一氏（長男）は、商工大臣カップで優勝。第1回大会のNo.23の市販ロードスターに少し手を加えただけのスタイルから、第3回のこのNo.23号車は紛れもないレーサー・スタイルとなっている。

オオタ
2

第3回大会の国産小型マシンに描かれている「BABY BULLET」は小さな弾丸の意味。同レースとB級決勝で優勝したNo.22 オオタ・太田祐治選手。B級決勝30周で平均時速92km/hをマークし、4台中トップの成績を残している。

高速機関工業（オオタ）の設計スタッフ及び関係者の記念写真。白いツナギ服にネクタイ姿が印象的。左のNo.23は商工大臣カップで優勝（太田祐一氏）し、右のNo.22は、太田祐治氏のドライブにより、B級決勝で1位を獲得している。

報知

昭和十二年五月十七日

國産オオタ號快勝

第三回自動車競走大會

本社並びに日本自動車競走倶楽部主催第三回全日本自動車競走大會は十六日午前九時半から丸子多摩川スピードウエイで擧行された、優勝レースはフオード(木村安治)ボツシユカツプはダツヂブラザー(金井順一)が各優勝し呼物の全國產車レースではオオタ(太田祐一)が斷然他を引き離して榮ある商工大臣杯を獲得した、なほこの日國產車オオタ號が小型車界を斷然押へたのみならずB級に優勝し、ボツシユ杯にも入着して堂々たる成績をあげ異常なる進歩振りを示したことはこの日の一大收獲であつた成績左の如し(一周千二百米)

◇第一小型車(十五周) 1オオタ(太田祐一)一一分五七秒2オオタ(神津)一一分五八秒三3オオタ(榊原)一五分四秒二

◇第二三級車(十五周) 1ヒルマン(中村)一一分一七秒2バツクスホール(美濃部)3マセデスベンズ(青木)一一分三一秒

◇第三小型車(十五周) 1オオタ(太田祐治)一一分三一秒二2オオタ(鈴木)一一分三二秒五3オオタ(長島)一二分一六秒六

◇第四二級車(十五周) 1シボレー(榮田)一〇分二六秒三2シボレー(廣江)一〇分二九秒3マーモン(内藤)一〇分三三秒一

◇第五一級車(十五周) 1フオード(内藤)一〇分一五秒2クライスラー(後藤)一〇分二九秒三3インビクター(川崎)一〇分三五秒一

◇第六一級車(十五周) 1ダツヂブラザー(金井)九分五六秒一2フオード(木村)九分五七秒二3ハツプモビール(尾崎)一〇分四四秒4フオード(三澤)

◇第七商工大臣カツプレース(三〇周) 1オオタ(太田祐一)二三分二一秒二2オオタ(鈴木)二三分三五秒四3オオタ(太田祐治)二三分四〇秒三4オオタ(神津)5オオタ(榊原)

◇第八C級決勝(十周) 1フオード(臼井正治)七分一七秒2ミスフクシマ(伊澤)七分三一秒一3オオタ(長島)七分五九秒4マセデスベンズ

◇第九B級決勝(三〇周) 1オオタ(太田祐治)二三分三三秒三2バツクスホール(美濃部)二四分一〇秒二3オオタ(鈴木)二四分一二秒二

◇第十ボツシユカツプレース(五〇周) 1ダツヂブラザース(金井順一)三三分四七秒二2ハツプモビール(尾崎)三五分五五秒二3オオタ(太田祐一)三八分七秒二

◇第十一優勝會長カツプレース(五十周) 1フオード(木村安治)三三分五五秒四2インビクター(川崎)三四分〇秒三3シボレー(榮田)三四分四四秒二

自動車特殊ボデーの設計製作は……梶自動車工業所

寫眞は一級車のスタート、上は商工大臣杯を獲得した太田祐一選手

第3回大会の翌日に掲載された戦績などを伝える新聞記事。「優勝会長カップレース」はフォード(木村安治氏)が、「ボッシュカップレース」はダッヂブラザーズ(金井順一氏)が1着を獲得したことが報じられている。また、注目のオオタ(太田祐一氏)が国産車レースにおいて圧倒的なスピードでライバルを引き離し、「商工大臣カップレース」で優勝したことを伝えている。さらに、外国車と混走する「B級決勝」でオオタが優勝し、性能の優れた外国車が多数参戦する「ボッシュカップレース」においても第3位に入賞したことを、国産車の「異常なる進歩ぶり」という表現で讃えている。(1937年5月17日付)出典：報知新聞

第4回全日本自動車競走大会 ———— 1938年4月17日〔多摩川スピードウェイ〕

1938（昭和13）年4月に国家総動員法が発令された直後に、第4回全日本自動車競走大会（以下第4回大会）が日本自動車競走倶楽部主催で開催された。すでに有力選手の半分以上が戦地へ出兵したため、苦肉の策として「番外ベテラン」レースが設けられた。オオタに乗ったのは51歳の太田祐雄氏と45歳の榊原郁三氏、他に小早川元治氏、関根宗次氏、藤本軍次氏、猪俣四郎氏らが出場した。また、オートバイレースに関する記事も書かれている。

豪快！地上の荒鷲

新聞の戦意高揚の記事。「豪快！地上の荒鷲」「銃後の意気に投じて」「輪友が戦線にある」「内燃機関に対する国策的検討が今日ほど真剣に……」などとある。（1938年4月17日付）　出典：報知新聞

オートバイが大きく扱われているのは、文中にもあるように〝輪友〟として、軍の基地間の連絡機能強化のための訓練の一貫として扱われているのだろう。いずれにしても、戦争を抜きにしては語れない第4回全日本自動車競走大会（以下第4回大会）である。

空がふくれ上つた、ふくれ上つて
みなぎり張つた春の風を斬つてレ
ーサーは飛ぶぞ、うなりを上げる
——今日の驚異、驀進する鐵車

1
26
11

第4回大会におけるNo.17メルセデス、No.5 MG-K3マグネット、No.11ハップモビル、No.26シボレー。レース前のパレード走行準備の様子。当時の多摩川スピードウェイの面影はそれほど今も大きく変わらないが、観客席の丸髷の日本髪の女性や、流行していた帽子や学生帽が当時を物語る。

全日本オートバイ選手権大会
五月十五日

第4回大会開会式のスタートシーン。右から、No.22オオタ、No.10オオタ、No.25オオタ、No.17メルセデス、No.5 MG-K3マグネット。この後、コースをパレード。東急東横線の鉄橋は、今も変わらず同じ位置にある。横断幕には「決勝點(決勝点)」とあるが、ここがスタート&ゴール地点。スタート地点にある横断幕には、“全日本オートバイ選手権大会五月十五日”とある。

第4回大会Ａ級レース。右からNo.26シボレー、その次のNo.16ハドソン改造レーサーは、シャシーを短く、車高を低めた改造レーサーである。(第3回大会におけるこのクラスのレーサーは最大6台が出場しており、この写真の中には7台のレーサーが走っているため、第4回のレース資料として紹介した)

4台のオオタ。第2回秋季大会の練習中に事故で図らずも欠場したオオタ・チームは、第3回大会で優勝奪回を期すが、ダットサンの不参加で独り勝ちとなった。戦争の影響もあり、出場チームの減った第4回大会も同様、国産小型車クラスはオオタの独壇場であった。

記事には「今年は非常時局下に有力選手10数名が召集され戦地に活躍しているため主催側でも苦心のプログラムが出来上がった〜、往年名選手の比原、喜多、関根、藤本、今井、太田らのベテランが昔取った杵柄にものをいわせんと意気込んでいる〜」と報じている。この頃になると国産車対外国車のレース色が強くなるので、この記事でも「初の欧州車（との）争覇戦」と書かれている。1938年4月15日付
写真は上から、小早川元治氏、関根宗次氏、藤本軍次氏、猪俣四郎氏。

初の歐洲車争覇戦
自動車競走に「呼物の新種目」

No.14ヒルマンは、第4回大会・C級決勝10周レースで2位の成績を残した。ドライバーは梶外次郎氏。1位はメルセデス・長島正虎氏だった。

No.17メルセデス、ステアリングを握るドライバーの長島正虎氏。第4回大会・C級決勝10周レースにおいて1位を獲得、平均時速は96kmであった。

17
PENNZOIL

No.5 MG-K3 マグネット・小早川元治氏。SOHC 6気筒1100cc過給機付で、時速200km以上の性能。レース当日は予選で2位となるものの、ベアリングが壊れ決勝はリタイヤ。レース本場の欧州で好成績を上げた本格レーサーだが、時速160kmを超える高回転・高出力エンジンは、多摩川スピードウェイのような短距離コースでは本来の実力が発揮できなかったと思われる。

小早川元治氏のNo.5 MG-K3 マグネット。フロントに機械式過給機を備えたマシンで、元男爵である小早川氏が輸入した車。生産型でなくプロトタイプで、モンテカルロ・ラリーにも出場した実車である。

終戦直後の多摩川スピードウェイ

1949（昭和24）年11月、全日本モーターサイクル選手権大会が多摩川スピードウェイで3万人の観客のもと開催された。優勝者のタイムは平均時速90kmで、戦争で荒れたグランドコンディションと燃料の質の影響で戦前のタイムには及ばなかった。

多摩川スピードウェイのコースは戦争中、軍の閲兵式などに使われて荒れた地面となっていた。そこで凹凸の路面を砂・砂利などで一時的に埋めるという、急ごしらえなコースだった。

日本におけるオートバイレースの歩み

戦前

19世紀の末、フランスで最初のオートバイレースが行なわれたと伝えられている。

日本では1912年に第1回自動自転車競走会が阪神鳴子競馬場のダートコースで開催され、観衆2万人を集めたという。

そして、1913年になると全国各地でオートバイレースが開催されるようになった。4輪車も余興で走ったという記録が残されている。

戦前のオートバイレースの全盛期は、大正の末期（1920年頃）から昭和の初期（1930年代前半）であった。当時オートバイはかなり普及していた。

1926年9,950台、1927年13,016台、1932年15,048台で、この需要者の増加に伴って、スピードを好む人々が集まり、各自自慢の愛車でスピードを競うようになった。4輪車がまだ庶民とはかけ離れ、一部の富裕な好事家の楽しみに留まっていたのとは異なり、オートバイは、生活の道具として人々に親しく、身近なものであったのである。

そして東京、大阪、名古屋、京都、神戸、広島など全国各地にクラブが20余り結成され、各地で盛大なオートカーレース大会が開かれた。これらのレースはクラブ、協会あるいは新聞社、公共団体、篤志家などが主催し、また選手も車両販売店主や熱狂的なオートバイ愛好家であり、レースも純然たるアマチュアスポーツであった。

また、当時オートバイの輸入元、代理店は販売促進の上からも競ってレースに自社のオートバイを参加させた。オートバイ自体が4輪車より機動性があり、特別なコースが無くても楽しめる長所を持っていた。さらに競輪や競馬と同じように勝負の見どころが分りやすい特徴も持っていたからであろう。

オートバイレースはモーターサイクルの普及に大きな役割を演じ多彩なレースの歴史を作った。戦前の黄金期は1919年から関東大震災前の1923年（第1期）、第2期は昭和のはじめの1925年から1930年頃、第3期は1930年から1937年頃である。

第1期は関西鳴尾でのレース、岐阜各務原の100マイルレースが行なわれている。第2期は静岡阿部川原50マイルレースが行なわれ、参加車100台余の盛況であり、また1930年には英国・マン島TTレースで多田健蔵氏が日本人で初めて参加し入賞して注目を浴びた。第3期には1934年横浜開港博覧会が開催されアメリカ人選手15名が招かれ来日、開設間もない東京・武蔵野市の井の頭のグランドであざやかなレースを披露した。選手の持参した500ccのマシンは、本格的なレース用であった。その後、多摩川スピードウェイも開設され人気は増々上昇した。

オートバイレースは、次第に盛んになってきた自動車競走大会のプログラムで併催されることも多くなった。主催者側からすれば、4輪と2輪のレースが同日に楽しめることで集客効果もあったのである。

オートバイレースが盛んになるにつれて余技として空中ジャンプなども行なわれた。この一つの理由は軍隊の近代化を図るために騎兵隊の馬をオートバイに置き換えることが考えられ、馬がジャンプするようにオートバイでもジャンプが要求されたもので、以来盛んに行なわれるようになった。

戦前のオートバイレースはアマチュアのスポーツとして2輪車の発達と普及を促し、そのスピードとスリルは大変な人気を呼んだ。しかし、世の中は戦争へと向かう情勢が増々濃厚となり、1939年多摩川スピードウェイの大会と1940年の秋に催された広島招魂祭のレースが最後となった。

戦後

戦後は1949年11月に全日本モーターサイクル選手権大会が多摩川スピードウェイで開催された。戦時中の献納式、閲兵式、演習などによってひどく傷んだ多摩川スピードウェイのコースであった。参加出場車はほとんどが2輪車であった。

1950年1月には日米親善モーターサイクル選手権が同地で行なわれ、アメリカ人による炎の板壁を突き破るオートバイの余興もあり、新聞で大きく報道されている。

その後、本格的なオートレースが船橋、川口、柳井、大井、園田、大阪、甲子園などで次々と開催された。公営の競輪、競馬、競艇、オートバイ競技はその後も継続するが、4輪レースだけは1970年代初めに消滅していった。

写真下側にオオタ・レーサーがある。全日本モーターサイクル選手権大会は、オートバイのレースで4輪車は余興レースであった。1949年に全日本モーターサイクル選手権大会、1950年には日米対抗全日本モーターサイクル選手権大会が、多摩川スピードウェイで行なわれた。その後、オートレースは船橋、川口などで開催された。

東急東横線の鉄橋をバックに、市販車（オオタPAだろうか）の競走。1950年前後の撮影。

5　戦後のレース

■戦後初期の国内レース（1950年〜）

終戦後、自動車産業育成と地方財政改善を目的とした「小型自動車競走法」が通商産業省自動車課で起案され、1950（昭和25）年5月公布された。競走法の目的は、①小型自動車の性能向上、品質改善、その海外宣伝など小型自動車工業の振興を図ること、②車券を販売し地方財政の収入の増加を図り、その改善に資することであった。4輪車の排気量は1,500cc以下で、排気量別に7クラスに分かれていた。

1950年10月、船橋競馬場の内側に全国初のオートレース場が完成、その後川口オートレース場がオープンした。1952年から車券レースが始まり、速い車のスタートラインを下げるハンディが加えられる、いわゆるギャンブルオートレース時代となった。

参加車は戦前からのレーサー製作をしていた東京日産のダットサン、オオタに加えて東京トヨペットのトヨタや、一般からレーサーが出場している。

また、海外メーカーのクロスレー（米）、オースチン（英）、MG（英）、フィアット（伊）のエンジンを搭載したレーサーなども参戦して、小規模なレースが開催され、それなりの人気が出たが、故障車が多いことや、ドライバーの不足、さらには賭博性が高く、自動車メーカーが難色を示して参加せず、次第に人気は落ち、加えて性能向上でスピードが上がり、安全性が問題視され終了していった。

また、日本に駐留したアメリカ軍人の中にはスピードマニアが多く、少数の日本人も加わりSCCJ（日本スポーツ・カー・クラブ）が設立された。そして彼らは立川、千葉の茂原飛行場の舗装された滑走路に特設コースを作り、ジムカーナなどの競技を楽しんだという。

左から戦後の小型レーサーのオオタ、クロスレー、戦前のブガッティが走る。1950年に自動車産業振興の目的で「小型自動車競走法」が制定され、車券付の小型自動車レースが船橋、大井、川口の競馬場で開催された。全国初のオートレースは船橋で1950年10月29日に開催されている。そして1952年からギャンブル性の高い4輪車レースが始まった。

MGのワンメイクレースのスタート風景。レース専用車ではなく、日常使っている車の姿で競技をしている様子がわかる。1950年頃の撮影。1951年にスピードマニアの駐留米軍人と若干の日本人が加わってSCCJ（Sports Car Club of Japan、初代会長は片山豊氏）が創設された。

MGのワンメイクレース。1952年2月1日、オートレース場の800mのダートコースで開催された。

6　発掘された写真

■偶然に発見された大正時代の貴重な写真

右ページ下の写真は今回の収集作業で発見されたものであるが、調べてみても中央の車体に書かれているGARDNER以外の情報は得られなかった。しかし背景や写っている方々の写真をみても立派な会社組織であることは間違いない。またトロフィーと共に写しているのでレースでの入賞を記念して撮られた写真であることも間違いない。そこで中央の車はアメリカ車がベースであると推測して、自動車史研究家の権威である高島鎮雄氏にこの写真を見ていただくことにした。

高島氏によれば「写真に写っている車ですが、ボディに書かれたマークから見て"ガードナー"であることは間違いないでしょう。1919年から1931年までアメリカ、ミズーリ州セントルイスのガードナー・モーター・カンパニー・インコーポレーテッドで作られた車です。初期には比較的小柄な低価格車だったようですが、最後の方ではかなりの高級車も作ったようです。写真の車はアメリカ車としては比較的小型の初期のもので、多分1920年代初期のものだと思われます。エンジンは専門メーカーのライカミングに特注した4気筒サイドバルブの3.4リッターでしょう。元はもっと背の高いセダンかツーリングカーだったものを低く改造したようです。ステアリングは低く改造されていますし、ラジエターの前には当時欧米でよく行なわれたように空気抵抗を減らすためのカバーがつけられています」という情報をいただくことができた。

そして当時の新聞記事でレース結果を調べると、1924（大正13）年11月22、23日、鶴見埋立地飛行場で行なわれた自動車競走会に、No.11ガードナーという車名があり、車主は「白楊社」とあった。また、1924年11月にオートモ号を製作・販売する前から輸入車業も営んでいた白楊社が、中古車のマーサーやガードナーを扱っていたことも分かった。写真を見ると、白楊社はマーサーだけでなくガードナーのレーサーも出場させていたことがわかる。さらに調べを進めたところ、写真のガードナーをベースにしたレーサーの前に立つ白いつなぎの人物の隣、最前列最右に立っている黒い背広姿（下半身がタイヤで隠れている）の人物は、白楊社の創立者の豊川順彌氏であることもわかり、日本の草創期の自動車レースを伝える非常に貴重な写真であることがわかったので本書に掲載することにした。

【写真・左上】は、1924(大正13)年に白揚社から市販された「オートモ号」の試作車として、1921(大正10)年に完成した「空冷アレス号S型」(国立科学博物館所蔵写真)。この「アレス号S型」は、市販に向けて東京〜大阪間をはじめとした日本各地を走行し、その性能の徹底的な実証試験に使われた。そして、ひとつひとつ不具合を改善し、「オートモ号」へと進化する。【写真・右上】は、1924(大正13)年頃の白揚社の工場内部。右下に写っているのは内製された自動車エンジンのシリンダーブロックで、鋳物は専門工場に外注したものの、穿孔(せんこう)などは当時では信じられない自製の工作機械によって加工していた。また、右奥に写る格子の窓枠が、【写真・下】の発掘された写真(集合写真)の左端にわずかに写る窓枠と酷似しているように思われる。そのことから推測するに、【写真・下】は「オートモ号」を製造・販売した1924(大正13)年頃のものと思われる。

白楊社の工場で撮影されたと思われる写真(撮影時期は1924年前後)。

レースの楽しさ厳しさ ——— 本田宗一郎談　1962年（昭和37年）

17歳のとき、東京の自動車修理工場にデッチ小僧として入った。一年ぐらいたってから、その親父がレーサーが好きで、僕に造ってみろという。当時砲兵工廠にベンツの6気筒を真似して造ったエンジンがあると聞きつけたので、すぐ仕入れにいってビュイックのフレームに載せたのはいいが、重過ぎてうまく走らない。馬力もありトルクもあるが、ギヤが欠けてしまうし、カーブの切れもよくなかった。図面一枚引くでもなし、手先きの器用さに頼って、見よう見まねで鉄板を叩いたり、熔接したりするのだから無理もない。

そのつぎは、津田沼飛行学校からカーチスの航空エンジンを払い下げて貰って、オークランドというアメリカ製フレームにとりつけた。このエンジンは90馬力で、その頃のエンジンの中では一番軽かった。ところが、いざ走らせてみると、プラグがかぶってまともに回らない。いまでは笑い話だが、プラグのナンバー（熱価）を代えるというような知識もないから、オイルがかぶらないようにクランクケースを直したり、苦心サンタンしてやっとモノにした。洲崎の飛行場のテストで時速100キロをマークしたのだから、当時としては相当な性能だったといえる。それ以来レーサー造りは病みつきになってしまった。

多摩川レース場で全日本スピード選手権大会があると聞いて僕はまたレーサー造りにとりかかった。当時フォードのV8型が大流行していたが、それを使うのではシャクだから、みんなの嫌うフォード・フォアを改造することにした。バルブが焼付かないようにベンザを切って銅系統のメタルを熔接したり、スーパー・チャージャーをつけたり、多摩川のコースは左回りだから、エンジンを10度傾けて重心を左にもっていったり秘術を尽した。

スタート間もなく僕の車はトップに立ち、2位を30mくらい離して時速120キロくらいで得意になって走っていた。ところが視界の効かないカーブにさしかかったとき、左手のピットから急に車が飛び出してきた。あわててハンドルを右に切ったが間に合わず、こちらの後輪と向うの前輪が接触、三回くらい高高ともんどり打って引っくり返ってしまった。おかげで、僕は右手を根元から折り、眼鏡がつぶれて目のふちをぐしゃぐしゃに切ってしまった。同乗の弟は背骨を三カ所も折って小便が出ず危篤に陥るほどの重傷をうけた。

いまでも覚えていることは、飛び上って地面に落ちるまでのほんの僅かな瞬間に、朝の味噌汁がうまかったことや、まだレースを続けることができるだろうかとか、いろんなことがチカチカと素晴らしい速さで脳中にひらめいたことである。いまでこそ条件反射といったような難しい用語を使うが、僕はそのとき手や足を動かすことには限度があるが、考える能力というものは、訓練さえ積めば無限といっていいくらいに拡がっていくものだということを悟った。同じ頃、勝ちっぷりはあまりよくなかったが、モーターサイクル・レースもよくやった。他の連中は最新の輸入車を持ってくるが、僕はそれには満足できないので、その辺に転がっているボロ・エンジンを改造したり、ハンドルを曲げたりして出場したものだ。とにかく僕は、どんなものでも自分で工夫しなければ気がすまない性分で、それが今日の本田技研の根源になっているということもできる。

秋鹿方彦監修『グランプリレース 栄光を求めて 1959～1967』（三樹書房 1989年）より抜粋

1936年（昭和11年）の多摩川スピードウェイでのレース中、他車と接触し、クラッシュした本田宗一郎氏運転のNo.20ハママツ号。

7　多摩川スピードウェイの想い出（寄稿）

この章では、当時の多摩川スピードウェイのレース関係者、出走した方、観戦された方、出場メーカーの方などの御親族の方々と共に、この時代に強い関心をお持ちだった方のご子息に当時のことなどを回想・執筆していただいた。当時者でしか知ることができない当時のエピソードや思い出などもこの寄稿の中に語られている。**【編集部】**

祖父　藤本軍次のこと

東京大学経済学部　ものづくり経営センター　藤本　隆宏

多摩川スピードウェイと太田祐雄

タマチ工業　取締役会長　太田　邦博

父　片山豊と多摩川スピードウェイの記憶

多摩川スピードウェイの会　会長　片山　光夫

父　小早川元治の心を虜にしたMGK3マグネット

モータージャーナリスト　小早川隆治

祖父　川越豊と全日本自動車競走大会

福田眼科（大船）院長　福田　　匠

浜家に来たグランプリ・ブガッティ

HAMA STUDIO所長　浜　　素紀

ホンダカーチス号と日本クラシックカークラブ初代会長、浜徳太郎との由来

HAMA STUDIO所長　浜　　素紀

日産モータースポーツも「多摩川」発祥

日産自動車株式会社グローバルブランドエンゲージメント部　中山　竜二

多摩川スピードウェイへの個人的な想い

多摩川スピードウェイの会　副会長　小林　大樹

祖父　藤本軍次のこと

東京大学経済学部教授
ものづくり経営研究センター長　藤本隆宏

1955年（昭和30年）生まれ。専門は技術・生産管理論。『製品開発力』『生産システムの進化論』『日本のもの造り哲学』等著書多数。

私の祖父、藤本軍次は、私が物心ついた1960年代初めには、すでに完全隠居の好々爺であった。動作もいかにも老人で、走って動くのを見たことがない。朝は鯉に餌をやり、夕食はナマコとラッキョウを好み、熱燗一合をいつもの徳利で飲み、夏休みは朝から夕方までテレビで高校野球、場所中はテレビで相撲、それらを繰り返す平穏な生活だった。が、クルマとなると話は違った。ハンドルを握れば人が変わり、常に新奇なものを求め、最後まで冒険を好んだ。

藤本軍次はアメリカ育ちであり、メモは常に英語だったが、英会話は「俺のはスラングだから」と教えてくれなかった。

昔話はあまり多くは話さなかったが、戦前のカーレースのことは何度か聞いたことがある。多摩川スピードウエイでの第1回全日本自動車競走大会で「前を走っていた宗ちゃん（本田宗一郎氏・弁二郎氏）の車がひっくり返ってエラいことになったと思ったよ」など。その本田宗一郎氏は、毎年祖父の誕生日に我が家に祝電を送って下さっていた。

1922年の下関東京間の列車との競走の話も子供のころ聞いた覚えがある。山陽道は狭くて馬車を追い越せず、東海道の天竜川は渡れる橋がなく上流に行って渡河、大井川も橋がなく軽便鉄道の橋を車で渡ったと聞いたように思う。記録によれば富士川越えでも渡船で手間取った。記憶違い聞き違いがあるかもしれないが、私にとっての藤本軍次は、こうしたエピソードを持つ老冒険家であった。

とにかく運転が好きであった。走ること自体が目的で、目的地は走るための口実だった。橋や有料道路ができるとどうしても行ってみたい。あるとき筑波山の有料道路ができたので、早速家族を乗せて週末に車で出かけたが、山上は駐車場で行き止まりだから、当然、道は駐車場待ち同然の大渋滞。ようやく麓に降りたら既に夜で、佐倉あたりの怪しげな宿に家族で1泊したのを覚えている。

それでもまた出かける。建設中の長野県のビーナスラインも完成が待てず、私を乗せて建設中の砂利道を走り、その先の通行止め地点まで行き工事現場を見物して帰ってきた。

東京オリンピックで開通した首都高速道路も同様。当時は新宿からの4号線が江戸橋で1号線に接続し、羽田空港まで。走れるのはこれだけだったが、とにかく走りたいので、孫の私を乗せて毎週のように首都高速で空港に行く。で、旧羽田空港の送迎デッキからぼんやりとDC-8などの離着陸を眺め、帰途必ず銀座で高速を降り、祖父も私も大好きな不二家のホットケーキを食べて帰ってくる。子供には、日曜の贅沢な楽しみだった。

メカニックとしての腕はむろん一流で、進駐軍が車のガソリンタンクが壊れたと祖父の修理工場に持ち込んだら、そのへんの湯たんぽを改造して首尾よく修理したので米人がびっくりして仕事が来るようになったとの伝聞もある。自分の車は、米軍基地に行き、帰米する軍人から基地内専用で使っていたいわゆるアメ車を5万円とかで買い取り、自分で修理して乗っていた。

ある日曜日、祖父が「座間キャンプに次の車を買いに行くのでおまえも来い」と言うので一緒に行った。厚木で餃子ライスを一緒に食べ、基地内で祖父が交渉し、確かポンティアック・ボンネビルを買い、それに乗って帰った。祖父はその巨大なアメ車で、東京オリンピックで拡幅された玉川通りも、兄・頼一氏の住む世田谷区下北沢辺りの路地も難なく走った。

運転の腕は言うまでもないが、普段はアメ車らしくゆったり走っていた。しかし走れそうだとなると血が騒ぐようで、ある早朝の甲府郊外の甲州街道で、ふとベンチシートの助手席からメーターを見たら時速105キロだった。

また、伊豆の西海岸に家族旅行で行った時、戸田の辺りでトランスミッションのシャフトを1本落とし、バックギアが入らなくな

東京オリンピックの宣伝を車体に描き、軍次はいすゞベレットでアメリカ大陸を走破した(1964年)。左が軍次、右は同行した兄の頼一。

叙勲時の記念写真。背広姿でかしこまった軍次の写真は珍しい(1965年)。

ったことに堂ヶ島付近で気が付いた。そこで祖母・母・姉をそこに残して祖父・父・私の男子3人で落としたシャフトを探しに戻ったが、この時の祖父は、鈍重と見えたアメ車で狭い砂利道をいわゆる高速ドリフト走行、このときばかりはカーレーサー藤本軍次の片鱗を見た。結局シャフトは見つからず、バックは一度も使わずに東京まで帰ってきた。

国内では飽き足らず、海外冒険旅行も続いた。1回目は1964年、いすゞに掛け合って東京オリンピックの宣伝だといってベレットを1台貰い、ボディに宣伝文句を貼り付け、兄の頼一氏と一緒にカナダ・北米西海岸からメキシコまで24,000キロ。2回目は1968年、大阪万博の宣伝だと今度はトヨタからコロナを1台貰い、冒険取材の日刊自動車新聞の記者を助手席に乗せてアンカレジから(途中コロンビアで予想通り山賊に遭遇し)サンパウロまで16カ国33,000キロ。

第3回は1969年で同じくコロナで読売新聞記者と共にリスボンからカルカッタまでアジアハイウェイ18,500キロを走った。これはガンジス河が渡れずそこで終了と聞く。相変わらず渡河が鬼門であった。また砂漠地帯は熱風がすごいので、クーラー無しだが窓を閉め切り、軍次も記者も素っ裸で、広沢虎造(なぜかファン)の浪花節を大音量の8トラック・カーステレオでかけながらイラク・イラン・アフガニスタンなどの砂漠路を走破したという。これらについては旅行記が日刊自動車新聞や読売新聞に残っている。

ある時、「太田祐茂さん(現タマチ工業・太田邦博氏の父上)に頼んでいたレーシングカーができたので見に行こう」と祖父が言い、三田のたしか第一京浜沿いにあったオオタ商会に一緒にでかけた。立派な銅像が家にあったが、おそらく太田祐雄氏であろう。そして裏にレーシングカーが1台。子供の私は本格的ですごいと思ったが、実は運転席の前にエンジンのある戦前風で、これはフォード・コブラの改造車であった。このクルマの遍歴についてはモータージャーナリストの三重宗久氏が取材を続けておられる。

祖父はこの「レーシングカー」をトレーラーで引っ張り、修理工場の若い連中を連れて富士スピードウェイで時々走っていた。70歳は超えていたが、当時の8ミリ記録を見る限り、スピードウェイに出ればやはり一人のカーレーサーであった。藤本軍次最後のクルマ三昧である。

しかし、そのレースカーのあげおろしの際に、車体を足の上に落とし、それがきっかけで歩行が困難になったと後で聞いた。80歳が近付くと認知症も進み、車で徘徊し家に戻らないので家族が心配した。そして運転をやめ、だんだんに体が弱り、1978年、私が大学4年の秋、卒論執筆の最中に他界した。享年84歳。終焉の地となった新宿の社会保険中央総合病院の病室の壁には、入院中、自動車の写真を沢山貼った。もう言葉を話さなかったが、病床の祖父はそれをずっと見ていたように思う。

多摩川スピードウェイと太田祐雄

タマチ工業
取締役会長 **太田邦博**

1970年(昭和45年)早稲田大学機械工学科卒。旭電化を経て1972年(昭和47年)現在のタマチ工業社入社。1977年(昭和52年)代表取締役社長に就任。1991年(平成3年)西富士工場開設。2014年(平成26年)同社の会長に就任。

1936年、多摩川スピードウェイが開設された。記念すべき第一回開催では大型エンジンを積んだ海外勢に交じって小さな国産車が走った。出走車は全部で24台。車の内訳は米国製12台を筆頭とし、英国製2台、仏国製2台、ドイツ製1台、そして国産車はダットサン5台、オオタが2台であった。

国産車同士の戦いで、大方の予想は既に大メーカーとして名が知れていたダットサンが楽勝すると思われていた。走ってみると予想を覆し22番を背負った青いオオタ、ブルーバレットが他を圧倒した。海外勢大型車との混走100周のメインレースでも、リタイヤする海外勢を尻目に完走し、堂々の4着を飾った。小さなエンジンを積んだ町工場製、純国産車オオタは、その速さと耐久性を証明し、一躍日本国民の注目を集めた。

第2回のレースでは、練習走行の事故で主力レーサーの太田祐一が怪我をしたことにより、残念ながらエントリーを見合わせた。一方ワンメークレースとなったダットサンは急きょ3か月で作ったという新型エンジンにスーパーチャージャーを搭載し、大幅にタイムを縮め、好タイムで優勝を飾った。タイムが上がったもう一つの理由には、コースコンディションの差がある。第一回開催のコースは、仮舗装の上に砂をまいていたため、どの車もスリップをして速度が上がらなかった。第二回からは舗装を本格的にしたため格段に走りやすくなっていた。海外勢との対決では2台出走したが、惜しくも2台とも途中13周でリタイヤとなった。

第3回、第4回のレースではダットサンが出走せず、台数を増やしてきたオオタのワンメークとなってしまった。タイムだけでの比較ではスーパーチャージャーを搭載しているダットサンには今一歩及ばなかったようだが、オオタはノーマルアスピレーションでも速さは拮抗する所まで性能は上がっていた。海外勢との50周での戦いでも、最後までリタイヤすることなく戦い、オオタは多摩川スピードウェイでその性能と耐久性の優秀さを証明する事となった。

こうした彗星のようなデビューは何故できたのであろうか。当然、一朝一夕の事でこれだけの成績を上げたわけではない。太田祐雄の長年の血の滲むような努力と車への情熱の結晶であった。

同時に二人の息子の活躍もあった。職人として黙々と車造りに励んでいた父の背中を見て育った二人の息子が確《しっか》りとレースを支えていた。長男でメインドライバーそしてデザイナーの祐一、メカニックとしての三男で私の父、祐茂である。

祐雄には、大学や海外に行ってエンジン設計や車造りを学んだ経験はない。よほど裕福でもなければ明治という黎明の時代にチャンスはない。明治中ごろの日本ではむしろ車より飛行機に対する興味と研究が先行していた。祐雄も空を飛ぶ夢を追って伊賀男爵が伊賀研究所を設立すると同時に入り、飛行機の機体造りに専念した。伊賀男爵はアメリカやイギリスから飛行機の技術書を取り寄せ、海外経験も無い中、みずから翻訳し、飛行機の理論と設計を学んだという。当時の人は正式な学問や理論を学校で習うより先に体が動いていたようである。

彼らは先ず、グライダーを完成させた。エンジン代わりの重りという事で、祐雄はグライダーの先端に乗ったという。車で引いて浮上させようと試みたが、競馬場の悪路面に耐えられず、車輪を壊して飛行に失敗した。その後グライダーを飛ばす余裕も無く、急ぎ本番のエンジンを積んだ飛行を完成させた。島津製作所に国産の初のエンジンを依頼し搭載した。これも残念ながら三気筒のうち一気筒不調の上、横風に煽られ離陸できなかったという。後に聞くと着陸する場所も考慮しなかったというから、もし浮上に成功していたら、恐ろしい事になっていただろう。着陸に失敗し、大けがをしたに違いない。その時のテストパイロットは空を飛んだことも無い祐雄であった。墜落して

多摩川スピードウェイ第3回レース後、高速機関株式会社の設計課員達の記念写真。後列左優勝カップと共に長男の太田祐一と右優勝カップと共に次男の太田祐治。前列盾と主に三男の太田祐茂(太田邦博の父)。

太田祐雄。伊賀飛行機研究所のエンジニア出身で、アート商会の榊原郁三氏と朋友の関係にあった。1912年「太田工場」設立し、1931年小型トラック「OS号」を完成させた。当時、小型車製造において技術的に飛び抜けていた。

いたら今の車の歴史が変わっていたかもしれない。私の知る几帳面で無口な祖父からは全く想像もできない無謀な冒険であった。

伊賀男爵として個人の研究所では、資金的に飛行機開発はここまでが限界であった。祐雄は伊賀男爵から2台の足踏み旋盤を払い下げて貰い巣鴨に太田工場を立ち上げた。明治45年のことである。飛行機作りの仲間で弟同様の榊原郁三氏とお互いに助け合いながら、模型のエンジンや車の修理部品を作り、貧しいながらも何とか生活を維持した。榊原郁三氏は後にピストンメーカーのアート金属を設立する。また本田宗一郎氏はこの榊原氏の会社、アート商会に入社、可愛がられ内弟子として鍛えられたことは有名である。

祐雄はその後、依頼されて9気筒星形エンジンや、自ら設計した車用エンジンを製作、また飛行機造りでの友人、矢野謙治兄弟が設計した950ccエンジンも製作し、ベアシャシーに乗せ中禅寺湖まで到達した。このエンジンの性能が良かったので、OSという車名で正式にナンバープレートを取った。1923年大正11年の事である。後に日本自動車競走倶楽部、そして多摩川スピードウェイ設立の立役者、藤本軍次氏と意気投合し、共に富士五湖めぐりのハンドルを握った。

義理の弟、野口豊氏から資金援助と営業のサポートを得て、大正12年に国光自動車と言う会社を設立した。設備も整え、これから本格的な国産車の生産開始と言う所で関東大震災に見舞われた。新しい設備をすっかり失い、OS号で出生地茨城に家族を乗せて疎開した。その後不屈の精神で車造りを再開し、当時、免許のいらない500cc2気筒エンジンを完成させ、後に無免許範囲が750ccに拡大されたため、1933年には750ccのエンジンを開発。トラック、バン、フェートンと車種を広げていった。一方1934年には鮎川義介は日産自動車として名乗りを上げ、ダットサンの量産に入っていた。

町工場ながらダットサンに引けを取らない車を作っている会社に目を付けたのが三井物産であった。実際に互いの車の性能比較をし、オオタに軍配を上げ投資を決意、高速機関工業と言う車メーカーを立ち上げたのである。生産台数はダットサンの十分の一以下であったが、その性能は祐雄の人生を掛けた輝かしい成果であり、多摩川スピードウェイという場でその優秀性を証明したのである。

孫の私から言うのも憚れるが、祖父祐雄の車造りに対する純粋で不屈の精神が、同じ価値観を持つ良き仲間を呼び集め、お互いの持つ力の相乗効果によってはじめて、高性能国産車を完成させた。戦争そして敗戦、不況という障害に翻弄されながらも、時代が求める多くの技術者を輩出し、その技術と情熱は他のメーカーにも広く広がり確りとした礎となった。かく言う孫の私も祖父から父へ、そして私へとその技術を受け継ぎ、世界と戦う最速のレーシングカーへ高精度のエンジンパーツを供給し、車への情熱を引き継いでいる。

父　片山豊と
多摩川スピードウェイの記憶

多摩川スピードウェイの会
会長　片山光夫

1945年（昭和20年）生まれ。1961年（昭和36年）より渡米、ダットサン輸出の黎明期に父（豊）と9年間を米国で過ごす。カリフォルニア大学、コーネル大学（院）工学部卒、元日立製作所勤務、元RJC会員（会長）、現在は株式会社アイサイト代表。

戦後の多摩川スピードウェイについての一番古い記憶は、オーバルコースを疾走するオートバイだった。そのサドルには両足を垂らした男が跨り、埃っぽい多摩川の河原を何回も何回も走り続けていた。父はこの人を“今村さん”と呼んでいた。戦争中パイロットだった彼はスピードの快感が忘れられず、米軍機の機関銃で打ち抜かれた両足を引きずりながらもオートバイレーサーになったと聞いた。

多摩川スピードウェイを見下ろす位置に東急東横線の架橋が走り、もう少し下流を丸子橋が渡っており、自由が丘の自宅から日吉や横浜へ出るたびにスピードウェイはいつも目の下にあった。ここで模型飛行機大会が行われ、5歳年上の兄と二人で何度か参加したことがある。竹ひごに和紙を張ったゴム動力の、いわゆるライトプレーンの競技会で、幼稚園の僕はいつも眺めるだけだった。暮れ行く夕日のなか、サーマルに乗ったライトプレーンがゆっくりと旋回しながら対岸の丘の向こうに消えたシーンは、今でも僕の目に焼き付いている。この大会に協賛した米国軍のカーキ色の軽飛行機が河原に離着陸したことも驚きだった。

のちに父からあの河原で戦前に行われた多摩川自動車レースのことを聞いた。それは父が日産自動車に入った翌年の昭和11年のことで、この第一回のレースで日産はオオタに敗れたのだった。それまで片手間でレースカーをつくっていた日産も、鮎川社長の号令の下、第二回大会に向けて本腰を入れてレーサーづくりを始めたのだそうだ。しかし父はあまり多くを語らなかった。あとで父の断片的な話を繋いでみてその理由がよく分かった。昭和10年から12年の間、父にとって大きな出来事が続いていたのだ。

父は大学時代、秋田出身の友人とよく山登りに行ったという。厳冬期の山をヒッコリーのスキーで登るのが当時の雪山登山だった。昭和10年1月、父とその友人は小谷温泉経由乙美山峠を越えて妙高に出る山旅に出た。途中雪が激しくなり、峠近くにあるはずの小屋が見つからず、雪の中で危うく遭難しかかった。しかし、運よく同じ山でヒマラヤ遠征を目指して合宿中の奥平昌英氏をキャプテンとする立教大学山岳部に助けられた。救助後にふるまわれたウサギ肉の入った味噌汁は例え様もなく旨かったと父は言っていた。

日産に入った昭和10年の秋に軍隊に招集された。所属は陸軍近衛師団の自動車部隊。入隊してまず困ったのは制服が体に合わないことだった。身長5尺8寸、23貫で、靴は11文の大柄の父に合う軍服を探すのが大変だった。そしてある日上官から呼びつけられる。小柄でおとなしい感じの上官は、父が大学時代の軍事教練に欠席が多かったことを質問した。父はそこで大胆にも、自分は兵隊には向いていない、衛生兵として働きたい、とその上官に訴えたのだそうだ。

父は自分の意見を声高に言うことはなかったが、信じたことを着実に実行してゆく強さがあった。意外にもその上官はじっと考えに耽り、黙って父を部隊に戻した。その後間もなく父は病気を理由に除隊され、日産に復職した。昭和10年の暮れだった。

翌年の昭和11年2月に2·26事件が起きた。動員されたのは以前所属していた近衛師団で、父はその日反乱部隊が籠城していた山王ホテルまで見に行ったという。塀の向こう側に見えたのはつい三か月前まで一緒だった戦友だった。後で分かったことは、父を除隊処分にした士官は決起からは外され、それを苦にして彼は後日自決したという。そのころ横浜港近く

1935年(昭和10年)日産自動車入社直後と思われる家族写真。左は弟の三郎、豊、車中は母聡子、右端は妹民子。

1958年豪州ラリーの凱旋パレードにおける片山豊。日産は二台のダットサン210で出場し、難波・奥山組のフジ号がAクラス優勝を飾った。

の日産の工場では、第一回全日本自動車競走大会に出走するレーサーが、有志によってひそかに準備されていた。東京中に戒厳令が敷かれた中での作業だった。

6月に開かれた第一回自動車競走大会に父は宣伝部員として参加した。レースの結果を見た鮎川社長は、もっとまじめに全社を挙げて準備をしなくてはならないと訓示し、日産のエンジニアは第二回大会に向けてすぐさま準備を始めた。その中には、レーサーのエンジン担当で後日父とダットサンの米国向け輸出を担うことになるMIT留学から戻ったばかりの川添惣一氏(元米国日産副社長)も含まれていた。翌年の昭和12年の7月には盧溝橋事件が起き、同じ年の暮れに父は結婚した。そして日本は大陸における泥沼のような戦争に巻き込まれていった。多摩川スピードウェイは昭和13年に行われた第四回レースをもってその活動を終了した。

多摩川スピードウェイの時代は、戦前の日本自動車文化の最後の光芒であった。日本の自動車産業は多くの先人たちの努力で大正時代に始まり、国産化がすすめられるとともに、海外から多くの自動車とそれにまつわる文化が導入された。自動車レースもそのひとつで、藤本軍次氏らの先達が大正11年から昭和初期までレース場を求めて日本中を転々としながらレースを開催していた。藤本氏らの熱意が東急電鉄などを動かし、昭和11年に多摩川スピードウェイとして結実したのだ。しかし時すでに遅く、日本は軍部を中心とした体制が軍拡と戦線拡張にのめり込んでゆく。日本の自動車レースの歴史はここで一旦終止符を打ち、戦後の再開を待たねばならなかった。しかしこの多摩川スピードウェイで緒に就いた自動車技術とレーシングスピリットは、これに挫けることなく戦後復活する。多摩川スピードウェイは日本の自動車産業とレースのまさにゆりかごであった。

戦後父は自動車に関する幾つかの夢を実現するために動き始める。一つはフライングフェザーと名付けられた軽自動車の生産、二つ目は自動車メーカーによる自動車ショウの開催、そして最後は戦争で失われたモータースポーツの再興で、これらの夢は父が日産に入社して以来ずっと温めていたものだった。横浜のふ頭でデザイナーの富谷龍一氏とカモメを眺めながら語った軽くて便利な小型自動車は、戦後政府の後押しを得て、軽自動車枠が設けられることとなった。

戦前は業界新聞が興行として行なっていた自動車ショウを、メーカーの手に取り戻すべく、自動車メーカーの中堅幹部たちと語らい、昭和29年には第一回全日本自動車ショウを開催した。そしてモータースポーツに関しては、戦争で壊滅した日本スポーツカークラブを再興し、日産のチームを率いて豪州ラリーで活躍したのは昭和33年だった。そして昭和35年からは日本の自動車の輸出に取り組むこととなるが、これは多摩川スピードウェイの話から逸脱するため、またの機会に譲りたい。

父　小早川元治の心を虜にした MGK3マグネット

モータージャーナリスト　小早川隆治

マツダでロータリーエンジン開発、RX-7＆ルマンプロジェクト、広報、アメリカ勤務などに携わり、退職後RJC会員に。

高校時代からインディアンモーターサイクルにまたがり、大学卒業後は勤務先にニッサンを選んだ父小早川元治は根っからのクルマ好きだったようだ。当時は経済的にも余裕があったのだろう、MGK3マグネット（以下MGK3）を入手、1938年の第4回全日本自動車競走大会に出場した。「世界の自動車18 MG」（二玄社）によると、MGK3は単に戦前のMGの最高傑作であるだけでなく、軽量スポーツ・レーシングカーの古典として今日でも高く評価されているとのこと。

以下ブリティッシュモーターコーポレーション（BMC）の機関誌、『Safety Fast』1960年8月号の記事の一部をご紹介したい。（　）内は私の追記。

《我々は2台のK3プロトタイプの行方を捜した結果、試作第1号、シャシーナンバーK.3751が、1937年以来日本のエンスージアストM.小早川氏の手元にあることが判明した。東京からの小早川氏の手紙には「このクルマに関する殆どの記録は空襲で焼けてしまいましたが、私がMGK3の輸入を模索したおり、当時の役所には許してもらえなかったため、大蔵大臣と直接面談し、MGK3は単なるクルマではなくクルマの最高傑作と言えるもので、アルファロメオ、メルセデスベンツなど世界の著名なレースカーの中から選択したものだと伝えたところ、その場で輸入の許可を与えてくれたものです。木箱に入れられたこのクルマが神戸の港に着いた時の喜びは生涯忘れることの出来ないものでした」とあった》

《小早川氏は早速レースへの参戦を試みるが、不運な小さなトラブルもあり、成功をおさめることは出来なかった。（1938年4月の多摩川スピードウェイで行われた第4回全日本自動車競走大会では小さなトラブルのため、予選2位で終わった。）戦争が始まるとこのMGのエンジンは航空研究所に持ち込まれ、その高い技術力が強い関心をもって調べられた。（エンジニアでもあった父の手記によると、“戦時中は航空研究所でエンジン研究に従事した”とのこと。）しかしMGK3の車体は空襲により焼損してしまう。終戦後しばらくしてレストアされ（1951年）オートレースに出場、数々の勝利を手中に収めるが、「私の喜びは長くは続きませんでした。それはオクタン価の低いガソリンの使用が義務付けられたためで、強力な過給性能を持つMGK3がゆえに、多くのトラブルに遭遇したからです」「私はテストのために二輪車を使い始めました。150ccのスーパーチャージエンジンで、J.A.P. Speedway（当時最も活躍していたマシン）に挑戦しようとしたのです。しかし良い結果とはなりませんでした。なぜなら当時安全委員会の委員長として安全第一を説いていた私自身がその二輪の試運転中に大けがをしてしまったからです」》

大けがをするまでMGK3でオートレースへの参戦を続けた父は、「オートレースは国産車宣伝のために企てられたもので、外国車が国産車を負かすようなレースはその目論み・趣旨に反する」という考え方に反論し、国際ルールによるプロレースを主張してきたようだ。「ただ一人、豊田喜一郎氏（トヨタ自動車の創業者）が私の説を支持され、その上私に外国レーサーを十分研究して国産レーサーを作るべくいろいろお話下さったが、突然の氏の逝去はまことに惜しんでも余りあるもの」と自動車技術誌に寄稿、同時にトヨペット・レーサーの開発をしていた隈部研究所の技術顧問として、トヨペット一号、二号のレーサーの設計と走行テストをしたと記しているのも興味深い。

MGK3は後日幸いなことに河口湖自動車博物館のオーナー原田信雄様の手に渡り、イギリスに送られて完全なレストアが行われ今でも素晴らしいコンディションが保たれていることは何よりもうれしい。

ところでMGKタイプというクルマは、Fタイプの後継車として1932年にロンドンショーで発表され、それまでより小型のエンジンを搭載していたのでマグネットという名称も加えられたようだ。

MGK3マグネット試作1号車の諸元の一部
シャシーNo.：K3751
エンジン：KEX3 直列6気筒OHC
排気量：1087cc
ボア×ストローク：57mm×71mm
スーパーチャージャー：Marshall
出力：120ps/6500rpm
変速機：Wilsonプリセレクター4-Speed
ホイールベース：7 ft. 6in.（標準車は7 ft. 10in.）

The first 'K3'

. . . we searched everywhere
—and we found it in Japan!

『Safety Fast』1960年8月号に掲載された父の購入したMGK3プロトタイプ1号車の写真。

MG-TFの新型発表会に展示されたMGK3。車体前部にスーパーチャージャーが見える。1954年2月28日、日英自動車株式会社にて。

KタイプにはK1（1932年から1934年まで生産された4人乗りのオープンツアラーと4ドアのサルーンで、181台が生産された）、K2（1933年から1934年まで生産された2シーターオープンツアラーで生産台数はわずか20台）と、K3（1933年から1934年までに33台が生産された2シータースポーツ・レーサー）がある。

当時欧州におけるモータースポーツをけん引していたのはアルファロメオ、マセラティ、ブガッティなどイタリアやフランスのクルマで、イギリス車が国際レースであまり活躍できない中、唯一Berkshireの非常に小さな自動車会社、MGがそれなりの結果を残していた。MGのチーフ、Cecil Kimberが国際レースの中の1100ccクラスでの戦いに着目、わずか6か月のリードタイムで開発したのが2台のK3プロトタイプだという。『Safety Fast』1960年8月号のプロトタイプ1号車の写真は、1933年のモンテカルロ・ラリーに出場した時のものだ。日本到着時にもついていたJB1046のライセンスプレートの上にMonte Carlo Rallyのナンバーがついている。雪の中での戦いとなった同ラリーではドライバーはJames Wright、フィニッシュした69台中64位で終わったが、ラリーウィークの最後に行われたMont des Mulesのヒルクライムでは2位のフレーザーナッシュに12秒もの差をつけてのクラスレコードで優勝している。

MGK3はその後も数々のレースで好成績を上げているが、1934年、および1935年にはルマン24時間レースにも挑戦、1934年にはもう一歩で総合優勝を手にするところまでゆくが、2位で走行していたK3が事故によりリタイヤ、総合4位&クラス優勝で終わったということを私は今回この原稿を書くための調査で初めて知った。

MGK3との出会いと父とのクルマに関する対話が私のクルマへの夢を育んでくれた。大学で内燃機関の燃焼の研究に携わったころ、バンケルロータリーエンジンの開発に着手した東洋工業（後のマツダ）のニュースが飛び込んできた。私は就職先はここしかないと確信、1963年に入社、創設されたばかりのロータリーエンジン（RE）研究部に配属され、山本健一部長のもとで、REの初期開発に従事することができた。1970年代はじめから米国への輸出を開始したRE車の市場不具合対応のため現地に4年間駐在、帰国後は海外広報に移籍、海外の多くのモータージャーナリストと交流、山口京一氏のご紹介で始まったポール・フレールご夫妻とのお付き合いはお二人の晩年まで続いた。1984年開発部門に戻り、2代目RX-7導入直後にRX-7の主査を拝命、3代目RX-7は白紙の状態から開発に携わるとともに、1991年のマツダのルマン優勝の1年半ほど前からモータースポーツ担当主査も兼務するなど、マツダにおいて我が人生の上でこの上ない経験をさせてもらうことが出来た。退職後の私はRJC（日本自動車研究者 ジャーナリスト会議）の会員としてクルマ一筋の毎日を送っているが、“多摩川スピードウェイの会”が2014年に発足後、1991年にルマン24時間レースで優勝したマツダ787Bのベルハウジングがあの太田氏のタマチ工業でお造りいただいたものであることを知り、マツダのルマン優勝に携わった私にとってはMGK3と多摩川スピードウェイに何か運命の絆のようなものを感じた。

祖父　川越豊と全日本自動車競走大会

福田眼科（大船）
院長　**福田 匠**

1974年（昭和49年）生まれ。祖父が多摩川スピードウェイなどで活躍した川越豊氏（ゼッケンナンバー11／ハップモビル）。

私の祖父である川越豊が、全日本自動車競走大会に参加していたことがきっかけとなり、私が「多摩川スピードウェイの会」に関わることとなったが、この会で活動するようになって約2年が経過した。以前より両親から、祖父は多摩川の河川敷で、戦前にレースをしていたことを聞かされていたが、今回、より深く調べてみると、いろいろなことがわかってきた。

祖父の生い立ち

明治33年（1900年）、北海道開拓団の曾祖父（川越徳太郎）の次男として、祖父の豊はこの世に生を受けた。明治44年11歳の時、上京して深川冬木町に転居。その後、成人を迎えて財閥系の浅野物産に就職、浅野物産自動車部に所属し自動車の世界に傾倒、また、当時自動車の製造を行なっていた、大阪の白楊社とも関係し、自動車のことを学んだという。

白楊社は、明治45年に岩崎彌太郎氏の親族、豊川順彌氏が創業、大正8年に自動車製造を開始している国産自動車製造会社の先駆者であった。大正13年には自ら作成した空冷エンジン搭載のアレス号によって、東京-大阪間をノンストップで40時間走行に成功。その後、車名をオートモ号に変更して国内での販売台数を伸ばし、輸出もしている。

大正9年頃、祖父は浅野物産を退社した後、長男（川越大太郎）と共同で鉄工所を開き、東京都文京区に川越自動車工業所及び東京都品川区に川越内燃機関工場をはじめた。当時は、内燃機関の開発、ボイラーの製造などを行なっていた。自動車の生産に関しては、日本ゼネラル・モータース（もしくは、当時ビュイックの販売権を持っていた梁瀬自動車）より委託され、ビュイック（当時はビウイク号と呼ばれていた）などをノックダウン生産していたようである。当時の主な取引先は、陸軍省、航空施設、宮内省、日本放送協会、報知新聞などであった。軍との関係で、自動車競走に使用していたマシンのテストを練兵場や空港で行ない、飛行機や鉄道と競走したと聞いている。

ハップモビルの傍らに写っているのは、祖母・川越みつとその兄妹。

第二次世界大戦が始まると同時に、自動車競走は衰退してしまいガソリンも配給制になったため、祖父は持ち前のボイラー技術をかわれ、政府から木炭車の開発を依頼された。当時の設計図が、以前の家の倉庫から発見されたこともあった（現在は残念ながら紛失してしまっている）。しかし祖父は戦後まもなく身体を壊し、心臓病にて昭和22年に47歳の若さで亡くなってしまった。

自動車競走での活動

自動車のノックダウン生産をしていたころ、梁瀬長太郎氏（梁瀬自動車）や本田宗一郎氏（本田技研工業）、藤本軍次氏（イースタンモータース）などの自動車競走関係者との交流も深く、自らハップモビルやフォード、ステュードベーカーなどを手に入れ、オリジナルのボディを架装して載せていたようである。

自宅及び川越自動車工場が文京区白山にあったので、指

多摩川の河川敷でマシンと優勝カップとともに写っている写真には、右端が祖父の川越豊、左端は娘がふたり（怜子と泰子）が写っている。うしろに立っているのはレーシングチームのメンバー達。

川越豊と自動車組立工場の写真。工場内の写っている車は、日本ゼネラルモータースから頼まれノックダウン生産をしていたビュイック。

ガ谷街（現在の白山下）から白山上交差点の坂でマシンのテストをし、爆音を轟かせていたという。

大正11年、祖父は洲崎の埋め立て地で行なわれた、日本自動車競走倶楽部主催の自動車競走大会に参加している。その後多摩川スピードウェイで行なわれた全日本自動車競走大会には、昭和11年6月の第一回と同年10月の第二回に参加した。第一回大会では、ハップモビルでエントリーし、予選レースであるフォードカップ優勝・ボッシュカップ3位、そして全出場車争覇戦である事実上決勝戦の優勝カップレース7位の成績を収めた。第二回大会では、B級決勝ダンロップカップ2位の成績を収めた。

当時のレースを説明すると、1日の最初に車両クラス別の予選レースがいくつかあり、全クラスが出場できる最終レースの「優勝カップレース」が実質的な決勝戦だった（以後のイベントでは、予選レースを勝ち上がった車が、その順位に応じて別々の決勝レースに出場することもあった）。

その後は、ドライバーとしてはレースに参加せず、今で言うチームオーナーのような立場で他のドライバーを自分のハップモビルに乗せて参加していたようである。

当時の多摩川スピードウェイのコースなどでは、ガードレールに木材が使用されていて、クラッシュするとラジエーターに丸太が突き刺さり、抜くと水漏れするので抜かずにそのまま走行を続けていたと聞いたことがある。また、コースではクラッシュや横転などの危険な場面は多く、会場で観戦していた祖母（川越みつ）は、子供達には運転することを固く禁じ、祖母は10人もの子供達に恵まれたけれども、兄弟誰一人として運転免許を取得した者は最近までいなかった。

眼科の医師である私も、両親が車やレース、ラリーが好きだった関係で、幼少期より富士スピードウェイなどのレースに連れて行ってもらっていた。その影響を受けた私は、車やモータースポーツの世界に興味をもち、現在もアマチュアレースに参加している。そのつながりで、たくさんの友人に恵まれ、その友人の紹介で「多摩川スピードウェイの会」に参加することになった。そしてこのたび父が保存していた、祖父関連の資料や写真がこのような形で本書の役に立つ機会が得られたことは、大変うれしく思うと同時に、祖父が今の車好きの自分を導いたような気がしてならない。

浜家に来たグランプリ・ブガッティ

HAMA-STUDIO 所長
名古屋芸術大学 美術学部工芸科／
東洋大学 工学部機械工学科、建築学科 元非常勤講師

浜 素紀

1927年（昭和2年）12月11日生まれ。日本で最初にFRPの成形法をマスターし、自宅に浜研究室を開設。グラフィックデザイン、工業デザインの業務をはじめ現在に至る。

そのレーシングタイプ、ブガッティを日本に持って来たのはポルトガル大使館の書記官、アロウジォという人で昭和ひと桁の時代である。通称グランプリ（GP）ブガッティタイプ35といわれる直列8気筒、スーパーチャージャー付、SOHCでシリンダー容積は2リッター、あるいは2.3リッターで当時の写真だけでは判別がつかず、また確たる記録も不明である。

それは間もなく三井本家の三井高公氏の所有となる。氏はご自身でレーシングカーを運転されることはなかっただろうが、良い自動車についての造詣が深く、名車を愛好され当時では珍しいイスパノ・スイザH6B、ベントレー3.5リッター、アルヴィスFWDなどを所有されていた。

そのGPブガッティは昭和11年の多摩川スピードウェイレースに、三井氏所有のもう1台のブガッティ35・A、直列8気筒、スーパーチャージャーなしの2台で出場している。

そのレースの半年ほど前にヨーロッパ遊学から帰国した僕の父親徳太郎は、僕を伴って見物に行っている。ヨーロッパでGPブガッティを見て、ボディ、エンジン、コックピットあらゆる部分のデザインと造りに心酔していた徳太郎は、レースなど目もくれずひたすらブガッティを見つめていた。

しかしそのとき僕は、唯一の国産レーシングカーだったオオタ号750ccモノポストの白い形を非常に気に入り、コマ鼠のようにコースを周回しているのを見ていた覚えがある。

やがて第二次世界大戦が始まり、日本はアメリカ、イギリスを敵に回すことになる。

その頃、日本海軍のどこかの研究機関が三井家のGPブガッティのエンジンとスーパーチャージャーを徴発して持って行ってしまった。航空機用スーパーチャージャー開発の研究用と後にいわれたが真偽のほどは分からないままで、戦争が終わってもそれらは返されることはなかった。

エンジンはなくともブガッティの美しいフォルムを熱望していた徳太郎は、三井氏に近い知人に仲介してもらい、遂に譲り受けることが出来たのは昭和19年の春先だった。

同じ時期、日本軍は中国本土から東南アジアへかけての長い戦線のすべての地点で、酷い損害を出しながら敗退していた。その実状は何も報道されなくとも、何か非常に陰うつな東

戦時中の昭和19年の2月頃、父の徳太郎は世界で一番美しいデザインと言われるブガッティを手に入れた。その車はエンジンとミッションは無かったので、豪華車イスパノ・スイザで西麻布から武蔵野市の自宅まで牽引してきた。街は戦時中ということもあり、人通りも少ない。

昭和30年頃、徳太郎を慕って集まってきたクルマ好きの若者がブガッティのエンジンを分解して研究をしているところ。このエンジンはグランプリタイプのものではないが、タイプ38というモデルの2リッター8気筒SOHCで形式は同じである。作業場にはレストア中のイスパノ・スイザも置かれている。左端に立っているのは徳太郎の姿。

1980年代になって、正確なエンジン復元パーツがイギリスで作られた。エンジンはスーパーチャージャーの無い2リッターをイギリスの工房で組立て、ボディとエンジン搭載は、栃木のブガティックで完成した。写真は1990年の日本クラシックカークラブ主催による第1回ブガッティ・デイで、御殿場の松田ガーデンで撮影されたもの。横に立つのは筆者。

京の街中を、フランスの名車イスパノ・スイザH6BがGPブガッティをロープで牽引して行く様は何とも異様なものだった。

このイスパノ・スイザは徳太郎が、偶然にも同じ頃に別の知人から譲り受けたばかりのもので、品川の梁瀬の工場で整備を受け、三井家からのブガッティを受け取り、自宅のある武蔵野市に運んだのである。武蔵野市内には中島製作所という日本陸、海軍における航空エンジンを製造する東洋一の規模といわれた大工場があり、この地域は昭和19年の晩秋から敗戦までの9ヵ月間にわたり“超空の要塞”と呼ばれていたボーイングB29の猛烈な爆撃に曝され、徹底的に破壊された。

GPブガッティとイスパノ・スイザは、その間ひっそりと身を潜めて時を過ごせたのは奇跡的な僥倖だったといえよう。

戦後から7〜8年もすると世の中は落着きをとり戻し、徳太郎の回りにも自動車好きの若者が集合することが多くなった。そのうちにこのブガッティを走らせよう、という話が始まった。

それは徳太郎が昭和10年にヨーロッパから帰国するとき、実車のブガッティは余りにも高価で買えなかったが、部品としてタイプ38という形式のエンジン、ミッション、ホイール等を持って帰っていたのである。このエンジンは直列8気筒、スーパーチャージャーなし、SOHC2リッターで、GPと形はまったく同じだがクランクケースの下半分の寸法が少し違うだけだった。その頃僕は美術系の大学で金属工芸科にいたので、市内の鉄工所とも馴染みがあり、そこへブガッティを持ち込み、苦労してクランクケースとフレームの合い間を繋ぐ作業をした。

そして血気盛んな愛好家が寄ってたかってスタートさせる所まで到達し、体が衰えた徳太郎を助手席に座らせ、ともかく市内をほんの少し走らせることが出来た。

徳太郎は若い時から自分のデザインでスペシャルカスタムカーを作り、それを運転することをいつも夢に画いていた。その計画に合う中古車を買ったり、また手に入れたものの、ボディを改造するスケッチばかりを数多く画き残している。だがそれらの多くは構造の機能性とか、ドライビングポジションの人間工学的な寸法には一向に考えることがなかった。

可能な限り低くて細長い形をテーマとしたアイデアスケッチだったが、形としてのデザインは面白いものがあった。

もちろん自分で運転を楽しむのも好きではあったが、自分が好きな形の自動車をいつでも眺められることが徳太郎の造形眼を楽しませる最良の条件だった。

多摩川スピードウェイなどのレースでも活躍し、徳太郎が最も愛したGPブガッティは、その後完全にレストアされ、今はホンダコレクションホールに収蔵されて大切に扱われている。

ホンダカーチス号と日本クラシックカークラブ初代会長、浜徳太郎との由来

HAMA-STUDIO 所長
名古屋芸術大学 美術学部工芸科／
東洋大学 工学部機械工学科、建築学科 元非常勤講師　浜　素紀

カーチスはアメリカの飛行機製造会社で、創立者グレン・カーチスは1904年7月4日に自作の飛行機で飛行に成功、ライト兄弟に次いで世界で2番目に空を飛んだ男と言われる。

カーチス機は性能的にも成功し、第一次世界大戦に軍用機として多く使われるようになる。

日本でも大正時代から陸海軍機に採用されていた。

そして年代の古くなったものは、車と同じように解体されて部品類が街の解体屋の店先に並べられることもあった。

一方東京で車のピストンを製造していたアート商会の榊原郁三氏は解体屋にあったカーチス機のエンジン、V型8気筒、8ℓ、90馬力を買い取り、これを車のシャーシーに取り付けてレーシングカーを作った。その時にアート商会の若い職工だった本田宗一郎氏がその製作を手伝った、というのがカーチスエンジンと本田宗一郎氏のそもそもの繋がりである。

レーシングカー、カーチス号のその後の活躍は既に多く語られている通りである。

昭和12年の多摩川スピードウェイでのイベントにもカーチス号は出場していたが、観戦していた僕の父親浜徳太郎は三井家所有のブガッティGP・レーシングカーの形の美しさに目を奪われ、パドックでブガッティばかり見ていた、と後に随想に書いている。

一方父に連れられて一緒に行った僕は、オオタ号の白いモノポストレーサーがコースをくるくると周回している姿の格好良さに見とれていて、ブガッティもカーチス号の存在も当時は知らないままだった。

その後、カーチス号は太平洋戦争のすさまじい空襲の中を幸いにも無傷のままひっそりと榊原氏の元で生き残った。

榊原氏は徳太郎と特に親交は無かったように思うが、徳太郎が日本クラシックカークラブを主宰していることを知り、カーチス号を徳太郎の元に寄贈された。

カーチス号は、戦後もひっそりと保管されていたが、昭和30年代半ばにオーナーの榊原氏から浜徳太郎に寄贈された。写真は、日本クラシックカークラブも仲間達の手助けにより、自宅まで牽引している際の写真。

徳太郎はそのことを大変喜び、シルバーのボディ塗装などを直し、イベントの展示やテレビ出演で紹介したりしていた。

徳太郎は若い時から自分のデザインでスペシャルを作ることを何時も夢見ていたので、全く飾り気のない率直なデザインのカーチス号を鈑金工が手作りしたということ、しかも特に幼い時分から好きだった飛行機のエンジンが付いていることに特別な想いがあったのだろう。

昭和50年(1975年)に徳太郎が没した後、僕はこのカーチス号は本田さんが製作に関係されたのだから本田さんにお返しするのが良いだろうと考え、本田技研の役員だった親友に打診を依頼したところ、本田さんは大変に喜ばれて引き取って頂けることになった。

カーチス号は直ちに整備士養成校のホンダ学園の先生方、生徒諸君の手で完全なレストアを受け、改造されていた前車輪もオリジナル通りの太いウッドスポークのホイールに再製され、すっかり元の姿となって桶川のテストコースで試運転が行なわれた。

解体屋で見つけたアメリカ高級車H・A・LのV型OHV12気筒エンジンを載せたスペシャルを計画した浜徳太郎。横に乗っているのが3〜4歳の時の筆者。自宅近くの武蔵野の空き地を走った（1930年頃）。

カーチス号はその後、失われていた前輪も再製作されて、ホンダによって完璧な状態に仕上げられた。1998年10月にツインリンクもてぎで催されたホンダ50周年記念の「アリガトウ・フェスタ・イン・モテギ」に新装された美しい姿を現わし、既に亡くなっていた本田宗一郎さんのご長男の博俊さんが運転され、筆者が助手席に座りコースを回ったが、大感激だった。カーチス号はセルスターターが無いので、押しがけしている。

その時僕は初めて本田氏にお会いしたが、非常に喜ばれてテストコースを何度も往復し大変に満足気な様子だった。

1983年の秋、日本クラシックカークラブが鈴鹿サーキットで日本グランプリ20周年記念のイベントを行なったときに、本田氏はカーチス号でサーキットを数周回った。

それはまさにこのイベントの終わりを締めくくるに相応しい華やかな、しかし少し哀愁を感じさせる走りだった。

僕は観客席の上の方で見ていたが、辺りが夕もやに包まれ薄暗くなってきたコース上でエンジンをスタートさせたカーチス号は、8本の排気管から今まで見たこともない薄い桃色の焔を吹き出していた。8リッターのシリンダー容積だというのに排気音は少しもうるさくなく、その走る様子は現代のF-1などより少し荒いビートを響かせそれは全く違った、まるでお伽話の世界をアニメの画面で見るようなロマンチックな懐かしさを感じさせるものだった。

その十数年後の1998年10月には栃木県に新しく作られたツインリンクでホンダ50周年を記念して、「アリガトウ・フェスタ・イン・モテギ」が開催された。その時はホンダ創業時の自転車の横に取りつける“赤いエンジンと白いタンク”と言われたカブ号からあらゆる年代の2輪車、4輪車からF-1までも登場し、自走出来ない発電機や船外機エンジンは軽トラックの荷台に乗せて観客に見せた。

2輪車が整然と隊列を組んでパレードをしている時、突然後ろから全身白装束に黒メガネの月光仮面が間を縫うように猛スピードで駆け抜け、それを白バイが追いかけてメインスタンドの前でつかまえ大迎な身振りで叱りつける、という寸劇を見せ観客はヤンヤの大喜びの様だった。

月光仮面が乗っていた2輪車と警察の白バイは両車とも、ホンダ車だったことは言うまでもない。

イベントの最後にはツインリンクのコース上に並んでいたたくさんの2輪車、4輪車の先頭にカーチス号が現われて全車輌を従えての走行が行なわれた。宗一郎氏は既に居られなかったのでご子息である本田博俊さんがステアリングを取られ、計らずも助手席には僕が座るという光栄に浴したのだった。

カーチス号を先頭にした大集団がコーナーを回ったとき、その内側のかげに大勢の社員が潜んでいて、カーチス号が現れたとき一斉に大喚声と拍手で迎えてくれた。

博俊さんはカーチス号をゆっくりと走らせ、排気の爆音を打ち消す程の大声で群がる社員達に「有難う、有難う!」と繰り返し叫んでいた。

それは宗一郎氏の偉業の原点とも言えるカーチス号に向けての社員の温い声援への答礼の気持ちが込められていて、その光景は強く僕の胸を打ち涙を抑えることが出来ない、本当に感激的な場面だった。

カーチス号はこれら2輪車、4輪車を従えてコースを2周し、メインスタンドの5万の観衆の大声援を受け、この感激的な大役を終えたのだった。

日産モータースポーツも「多摩川」発祥

日産自動車株式会社
グローバルブランドエンゲージメント部
中山竜二

日産自動車グローバルブランドエンゲージメント部。全社のヘリテージマーケティングを担当する。

日産自動車が、創立後間もない1936年に既にモータースポーツをやっていたというエピソードは、一部の自動車通の方々以外にはほとんど知られていないのではないかと思います。

日産自動車の歴史は、もとをたどれば、米国帰りの若きエンジニア・橋本増治郎氏（1875～1944年）が1911年に東京で創業した「快進社自働車工場」まで遡ります。1914年、快進社は苦心の末に初めての純国産自動車を完成し「DAT自動車（別名・脱兎号）」と名づけますが、1930年代の初め、曲折を経て「ダット自動車製造」となっていた同社が、創業以来のDAT自動車とは別に、より日本の国情・道路事情に合ったコンパクトカーの開発にもこぎつけます。これが、のちに「ダットサン」と呼ばれるクルマです。

この「ダットサン」製造事業のみを「ダット自動車製造」から譲受した稀代の事業家・鮎川義介氏（1880～1967年）が、これを独立分社化させて1933年に創立したのが、こんにちの日産自動車です。言い換えれば、このダットサンこそ、日産自動車創業の動機そのものだったと言えるでしょう。

鮎川氏は、まだ軍用保護自動車にしか活路のなかった当時の日本の自動車産業に風穴をあけるべく、1935年には早くも、竣工まもない横浜の本社工場で普及型自動車ダットサンの大量生産を開始。その大量販売を目指すにふさわしいマス・マーケティング活動も始まります。

その内容は現代のわれわれの目から見ても驚くべきもので、(1)新聞・雑誌への広告出稿はもちろん、銀座ショールームの設置、(2)水の江瀧子・夏川静江・山田五十鈴といった人気女優のイメージキャラクター起用、(3)娯楽の王道だった映画や大衆歌劇にまでダットサン車を登場させる、(4)初期の販売ターゲットを著名人・芸能人に設定して大衆の憧れを喚起する、(5)百貨店・医師・豆タクシー業者などにもダットサンを重点的に売り込み、宅配・往診などの生活シーンにダットサン車を巧みに登場させる、(6)デモンストレーターレディによる現車デモ走行を街なかで実演する、(7)ダットサンの広告スローガンを新聞紙上で公募する……など、枚挙にいとまがないほどです。折しも関東大震災を機に近代都市のインフラが次々に刷新され、都市生活者のライフスタイルが現代と通じる輪郭を現し始めた1930年代を舞台に、日本初の大量生産車・ダットサンは、このように先進的な販促活動のもとで、短いながらもまばゆい黄金時代※を現出してみせたのでした。

多摩川スピードウェイを舞台にした「全日本自動車競走大会」が始まったのは、このさなかの1936年6月。恐らく、鮎川氏は、これを前述のような販促活動の一環として捉え、ダットサンの高性能を広くアピールする好機と考えていたはずです。それだけに、オオタに敗れた6月の第一回大会は不本意だったに違いなく、鮎川氏は開発陣に次戦の必勝を厳命し、新マシンの製作のためなら生産ラインを止めるのも辞さず……と言い放ったとも伝えられています。

このような未経験の重圧に応えたのが後藤敬義氏（車両設計責任者）・川添惣一氏（エンジン設計）・富谷龍一氏（スタイリング）といった面々を中心とした開発チームで、DOHC＋ルーツ式スーパーチャージャー過給エンジン、一部にセミモノコック構造を採用したアルミ製ボディ、生産車とは別型式を採る専用シャシーをもつ驚愕の単座マシン「ダットサンNL-75」と、生産車「15型」のシャシーのまま大きくモディファイを施した単座マシン「ダットサンNL-76」の2タイプをわずか4ヶ月の間に仕立て上げます。

こうして臨んだ10月の第二回大会は、不幸にして、最大のライバル・オオタの欠場という事態に見舞われますが、ダットサンはほぼ目論見どおりにダットサンカップ（10周）と商工大臣カップ（20周）の2種目を制し、面目を保つことが叶ったのです。

残念ながら、時を超えたスーパーハイテクマシンといっても

多摩川スピードウェイでの第2回のレースで商工大臣カップで優勝したダットサンNL-75（No.18）。わずか4ヵ月間で製作されたレーサー（写真中央）。

第2回全日本自動車競走大会で疾走するダットサンNL-75のレーサーは、生産車の15型をベースとして開発された。「NL-76」とは異なる純レーサー。

過言ではない「NL-75」と、そのサポート役を務めた「NL-76」は、その後の多摩川に登場することはなく、車両じたいもその後の戦災で失われたため、現在の日産自動車でさえ、その姿を再現可能な状況にはありません。現存するのはレース当日に撮影された数枚の写真と、映画館で上映されたニュース映画「ダットサンニュース」の3分ほどの動画だけ。そのため、社内にさえ、このエピソードを知る者は少ないのが現状です。

この多摩川レースの敗北と雪辱をめぐる上記のエピソードは、会社の歴史を担当する筆者には、戦後のプリンス自工の「スカイラインGT」誕生物語や、それに続くプリンス自工および日産自動車のモータースポーツ活動の歴史と奇しくも相似形に思えてしかたがありません。自動車メーカーにとってモータースポーツとはどのような存在なのか。それは、もしかすると、80年前から少しも変わっていないのかもしれません。

より速く、同時により安全で、より気持ちよく、より美しいクルマを作りたい。これらは、クルマづくりに関わる者の本能的欲求と言えることばかりですし、その戦績をマーケティングにフル活用するあり方もまた、現代と寸分も違わないからです。

知る人ぞ知る故事として、近代日本の歴史に埋もれていた多摩川スピードウェイは、レースの勝利にかける先人たちの情熱が、既に現代のそれとまったく同質だったことを、改めて、手に取るようにわれわれに教えてくれます。日産だけでなく、日本のモータースポーツ発祥の地としての「多摩川」のストーリーがいっそうの認知度を得、永く語り継がれていくことを願ってやみません。

※戦前ダットサンの黄金時代と呼べるのは、大量生産の開始（1935年）から、戦時体制に伴ってダットサン乗用車製造中止を余儀なくされる（1939年）までの約5年間です。

参考文献：「ダットサンの50年」1983年　二玄社刊

多摩川スピードウェイへの個人的な想い

多摩川スピードウェイの会
副会長
小林大樹

1968年（昭和43年）東京生まれ。特殊な家庭環境により幼少期から戦前車を諳んじたが、現在はフォーミュラなどのヒストリックカーレースが活動の中心。

なんだ日本にもあったじゃないか

多摩川スピードウェイにのめり込んだのは、意外にもイタリアの友人がきっかけだった。

テクノというフォーミュラカーの仲間である彼に、新婚旅行でフィレンツェに足を延ばして会うことになった。旧市街を見下ろす彼の自宅でテクノやフェラーリのF1を見た後、それらのパーツなどのプレゼントを用意してくれていた。そして、これもあげようと写真集を差し出してきた。それは、フィレンツェ近郊のムジェッロで1914年から1970年に行われた公道レースについて、彼が会長を務める地元の自動車クラブが出版したものだった。以前に公道でやっていたのは知らなかったというと、だから本にまとめたんだよ、と彼は満足気に微笑んだ。

そのあとレストア工場を回り、テクノのフラット12エンジンを世界で唯一直せる、偏屈だが愛すべき爺さんの工場で夕食をご馳走になるなど楽しい時を過ごした。しかしその間ずっと、何かが妬ましいほどに羨ましく、しかしそれが何かわからないというモヤモヤした想いに苛まれていた。日本に帰ってからもそのままだった。

ある週末、例のムジェッロの本をパラパラめくっていると、フィレンツェでわからなかった何かは、地元として誇るべき歴史を語ることができるということなのではないか、と気づいた。そしてワインのグラスが空くころ、ふと多摩川スピードウェイのことが頭をかすめた。

そうか、なんだ日本にも誇るべき歴史があったじゃないか。戦前から日本でもモータースポーツが行われ、本田宗一郎さんなどが走っていたことはもっと知られるべきではないのか。まだ観客席が残っていたら、記念碑を立てて保存しなければいけないのではないか。

翌日見に行くと、観客席はいい状態で残っていた。これはやった方がいいな、と小さく腹を括った。

Like father, like son

多摩川スピードウェイの跡地にはじめて行ったのは、70年代後半の小学生高学年のころだったと思う。ちょっと行ってみようという父について行ったのだった。

父・小林彰太郎は「カーグラフィック」という雑誌を創刊し、日本クラシックカークラブの創立メンバーだったこともあり、多摩川に関わった先達たちや浜徳太郎先生が所有する元三井家のブガッティT35Cに触れていた。70年代後半はそれらの方々が相次いで鬼籍に入った時期でもあり、父は多摩川スピードウェイの歴史を掘り起こしていたのだ。元小早川元治男爵のMG K3の修復が始まり、浜家のカーチス号がホンダに寄贈されたのもほぼ同じころである。

それから四半世紀の後、前述の経緯で多摩川スピードウェイの記念碑を建てたいというアイディアを人に話すようになった。本当にやりたいことがあるときはいつも、有言実行の名の下で自分にプレッシャーを掛けるようにしているのだ。父にも同じことを話すようになったが、遺作となった『昭和の日本 自動車見聞録』の執筆に文字通り没頭しており、多摩川のエピソードに盛り上がっても、記念碑や保存には生返事を返すだけだった。それから間もない2013年10月末の月曜早朝に、父は急逝した。

金曜に父の葬儀を終え、翌々週の日本自動車殿堂の式典に代理出席し、年末のお別れの会では1,000名を超える方々とご挨拶した。多くの方々にお会いする中で、これまで父が築いてきた人間関係を自分自身につなぎ直す機会となった。また、父の書斎に自由に出入りできるようになった今、戦前のモータースポーツを含む膨大な写真や資料がそれなりに整理されており、コレクションとしても質量ともに唯一無二であると再認識した。中には、資料や車は博物館に寄贈して公共の用に供すべしと進言する方もいたが、これらを活かせるのは自分以外に

イタリアの友人がくれたムジェッロの本と父が遺した資料の一部。当時の方々へのインタビューメモは未発表の内容も多い。

ついに実現した、多摩川スピードウェイ80周年記念プレートの除幕式。右端が著者（2016年5月29日）。

いないと心に誓った。時間的にも精神的にも余裕ができると、多摩川スピードウェイの記念碑は自分以外には誰も実現できないと勝手に悟り、今度は大きく腹を括った。

多摩川スピードウェイの会と記念プレート除幕

しばらくして、多摩川スピードウェイの活動を一緒にやらないかという話が来て、多摩川スピードウェイの会が2014年秋に発足した。英語名称をTamagawa Speedway Societyとすることにこだわったのは、イギリス初のサーキットの跡地保存や博物館建設に成功したThe Brooklands Societyに範を求めたからだ。

記念碑設置や除幕式の交渉はほぼ単独で行った。費用はこちらが負担し、行政に許認可だけを求めるという戦略を最初から決め、市議を介して川崎市の担当部署と交渉を始めた。個人的なルートから市長を訪問し、本田技研工業元社長の川本信彦さんにコレクションホールの関係者を紹介いただき、会のメンバーや日本レースプロモーションの方々に川崎フロンターレを、そこから地元の有力者や市議につないでいただいた。

徐々に活動が認知されるにつれ、議会質問やメディアの記事にも採りあげられたが、一番の転機は2015年11月に大田観光協会と共催した写真展だった。2,000人を越える来館者が集まり、事前事後の報道は本会へのオーソライズをもたらした。ついには2016年3月には川崎市の行政ビジョンに跡地保存が記され、記念碑プレートの寄附協定を締結した。法人格が必要なところ、市も熱意をかって柔軟な判断を下してくれたのだ。その横で記念プレートの除幕式当日の川崎フロンターレのホームゲームに多摩川スピードウェイがフィーチャーされ、本田技研工業の協力でカーチス号と元三井家のブガッティが80年ぶりに多摩川に戻ってくることも決まった。

すべての歯車が、ギリギリのタイミングで回り始めた。

除幕式当日の2016年5月29日は、願ってもない快晴のもとでまずまずの成功を収めたが、本当にありがたかったのはこんな酔狂な取り組みと精神に対し、大きな組織の多くの方々に理解と共鳴をいただいたことだった。しかしこれは単なる通過点であって、地に足のついた活動の定着や跡地の活用はまだまだこれからである。

なぜ多摩川スピードウェイなのか

われわれの活動の意義を問われたときは、いつも問いかけをすることにしている。それは、戦前に日本でモータースポーツが行われなかったら、戦後の自動車産業や日本の経済発展は違ったのではないか？　ということだ。

戦後の日本の自動車産業では、戦前にモータースポーツに携わった方々が中心的な役割を担った。

近隣諸国には、戦前に常設サーキットが存在した国も、自動車産業がここまで発展した国も他にはない。だからこそ戦後の繁栄をもたらした先達への感謝と、これからも日本の自動車産業が発展しつづけるためのチャレンジを促す礎として、多摩川スピードウェイは他に例がないほどに相応しいのだ。今後もモータースポーツを活発に続けることの、自動車産業に対する必然性は言うに及ばない。

記念プレートが実現した今、多摩川を含む戦前日本のモータースポーツの写真集を自ら刊行することを考えている。原典や父の資料を読み込む中で、新しいつながりやストーリーも発見した。海外からの客人にも胸を張って渡せる1冊にすべく、今度も有言実行を守るつもりだ。

8　今に生き残ったレーサーたち

■カーチス号
■ブガッティ T35C
■MG-K3　マグネット

多摩川スピードウェイを当時走ったレーサーのうち、
ほんの僅かながら戦火を逃れて生き延びた貴重なクルマがある。
数奇な運命を辿り、およそ80年後の現代の姿を一部紹介する。

1979年（昭和54年）11月３日、Ｆ２で争われた「JAF鈴鹿グランプリ」の際にレストアなったカーチス号の初走行がお披露目され、来場していた本田宗一郎氏も笑顔で見守った。

■カーチス号

写真提供：Sadahiko Asai Data Bank

このクルマに搭載された米飛行機用のカーチスOX5エンジンは、水冷V型8気筒で排気量は8237cc、ロング・ストロークの高出力エンジンである。カーチス号は、日本人によって作られた大正期を代表する本格的なレーシングマシンであった。浜徳太郎氏に寄贈され、保管されていた時代の写真であり、ほぼ当時の姿であるが、戦後リヤカー用に提供されたというフロントタイヤは、既製品が使われている。

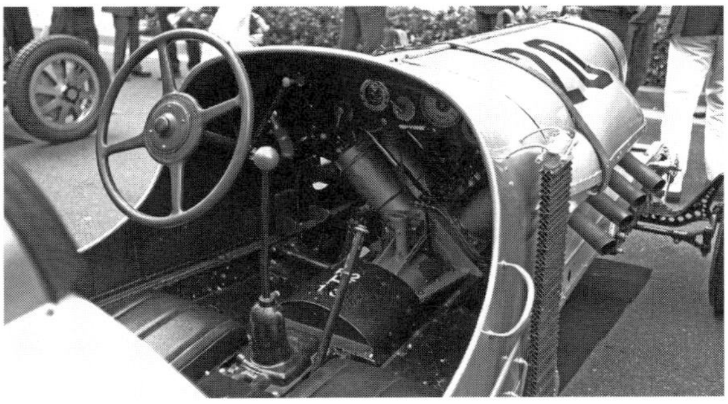

カーチス号はその後、ホンダインターナショナルテクニカルスクールによって修復され、さらに群馬県の近藤賢一氏のレストア工房で精密な修整、調整が施され、完璧な状態に仕上げられた。右の2点の写真は日本橋のクラシックカーイベントでの撮影。普段見ることが出来ないコクピット内部やエンジンも迫力がある。現在はホンダコレクションホールに保管されている。

■ブガッティT35C

ヨーロッパでグランプリ・ブガッティを見てそのデザインと作りに心酔した浜徳太郎氏が、戦時中の昭和19年春先に、スーパーチャージャー付エンジンとミッションが無い状態で三井高公氏から譲り受けた。その後このブガッティT 35は、失われたエンジンをタイプ38というモデルの8気筒SOHC 2リッター（写真左上）を用いて有志たちによって修復された。

その後、このブガッティは浜徳太郎氏のご子息の浜素紀氏によってホンダコレクションホールに寄贈され、再度ホンダコレクションホール管理の下でレストアが施された（上の写真4点）。戦前の国内でカーチス号などとレースで争った1926年製の貴重なこの車両は、現在ホンダコレクションホールに保管され、さまざまなイベントなどで展示されている。

■ MG-K3 マグネット

この1933年製　MG-K3マグネット(以下　MG-K3)は戦前のMGの最高傑作であり、2台製作されたプロトタイプの1号車だという。MG-K3は戦時中に空襲により焼損した(写真左2点)。しかし終戦後、1951年頃に榊原真一氏の勤めていた「ふじ電気」の自動車部で修復された(右)。

戦後は船橋のオートレースなどに出場し、MG-K3は小早川元治氏により数々の勝利を収めた。

MG-K3はその後、譲渡された後にイギリスでレストアが行われた(写真左2点)。右の上下2点の写真は、近年の撮影であるが、車両前部のスーパーチャージャー部など元の色調に戻されるなど、よりオリジナルに近い状態となって博物館で素晴らしいコンディションで保管されている。

9　年表　日本の自動車レース史・戦前編

年月日	国内4輪レース	関連出来事
1894 明治27 7月22日		世界初のモータースポーツ競技「パリ〜ルーアン〜パリ」走行会
1895 明治28 6月11日		世界初の自動車レース「パリ〜ボルドー往復」レース
11月28日		米国初の自動車レース「シカゴ〜エヴァンストン」、積雪の中で実施
1900 明治33 6月14日		世界初の国際レース「ゴードン・ベネット・カップ」(05年まで)
1906 明治39 6月26-27日		世界初の国際規定GPレース「ACFグランプリ」、フランスのル・マンで開催
1907 明治40		国内初のガソリン自動車「タクリー号」。企画:吉田真太郎、製作:内山駒之助
7月6日	大倉喜七郎が英国ブルックランズ開幕戦でフィアット100馬力を駆って2位	
1911 明治44 4月29日-5月2日	飛行機と自動車の競争。川崎競馬場。帰国した大倉喜七郎と米人パット・マースの複葉機が対決	
5月30日		米国「インディアナポリス500マイル」レース初開催
1912 大正元		第1回鳴尾自動自転車競走会。阪神鳴尾競馬場。輸入2輪車によるレース。観客2万人
	日本自動車倶楽部設立。大倉喜七郎が代表	
1913 大正2 8月		自動車雑誌『モーター』創刊
1914 大正3		ダット号。快進社製作
1914〜17		第一次世界大戦
1915 大正4 10月16-17日	東京自動車及び自動自転車競技会。目黒競馬場。日本初の自動車レース。在米日本人が4台のレーサーで興行。観客少なく、4台を野沢三喜三に売って帰国	
1917 大正6		三菱A型乗用車
1918 大正7 2月		自動車雑誌『スピード』創刊
1919 大正8 10月19日		大阪秋季モーターサイクル競走会。審判長・島津樽蔵
1921 大正10		アレス号。白楊社の豊川順彌が製作
1922 大正11 2月8日	米国で自動車販売を営んでいた藤本軍次が純レーサーのハドソンを持って帰国	
9月	藤本軍次が下関〜東京間を急行列車と競走。報知新聞社主催。同乗メカニック菅原俊雄(オートモ号技師)(8月説あり)	
10月	日本自動車競走倶楽部(NARC)設立	
11月12日	第1回自動車大競走。東京・洲崎埋立地。報知新聞主催。(7月、10月説あり)。警視庁から複数台の同時出走は不可とされ、一台ずつのタイムレース。7台全車外国車	
1923 大正12		オオタOS型。太田祐雄が試作
4月22-23日	日本自動車競走大会。洲崎埋立地。日本自動車競走倶楽部主催、報知新聞社後援。12台が同時スタート。飛行機との競走も。(「クラブの集い」によれば、第2回、観衆3万人)	
5月26-27日		フランス「ル・マン24時間」レース初開催
7月1-2日	関東関西聯合自動車競走大会。大阪城東練兵場。帝国自動車保護協会主催	
9月1日		関東大震災
1924 大正13 4月20日	日本自動車競走大会。立川陸軍飛行場。日本自動車競走倶楽部主催、報知新聞社後援。24台のレーサーが集合。一周1.6kmの広大なコース。入場料無料、大入り満員	
11月22-23日	日本自動車競走大会。鶴見埋立地。泥がぬかるみ最悪のコンディション。決勝20哩レースでアート商会のカーチス号が優勝(ドライバー榊原真一)	白楊社がオートモ号を製作販売(〜28年)
1925 大正14 2月		日本フォード自動車(株)設立
5月4日	日米連合自動車競走大会。代々木練兵場	
6月14-15日	名古屋練兵場での競走会。(「名古屋新聞」によれば、名古屋初の第7回大会)	
12月6日	日本自動車競走大会。洲崎埋立地(砂町?)。国産オートモ号レーサーが小排気量ながら決勝2位	

年月日	国内4輪レース	関連出来事
1926 大正15 4月10-11日	大阪〜東京間機関無停止運転競技会。モーター社主催、大阪朝日新聞社後援、陸軍援助。出場6台	全国オートバイ競走開催。愛知県津島
1927 昭和2		日本ゼネラルモータース(株)設立
1930 昭和5 6月15日		多田健蔵が2輪の英国マン島TTレースに初参加・完走
1931 昭和6		ダットソン1号車。川真田和汪製作の前輪駆動車ローランド号。マツダDA型オート3輪
9月18日		満州事変勃発
1932 昭和7		ダットサン11型フェートン発売
1934 昭和9		オオタ・ロードスター1号車。太田祐雄が設計
10月13-14日	全日本自動車競走選手権大会。月島埋立地。日本自動車競走倶楽部主催、報知新聞社後援。我が国初の本格的自動車レース(「日刊工業新聞」)。カーチス号(榊原真一/本田宗一郎)優勝	
1935 昭和10	日本スピードウェイ協会設立、東急東横電鉄の了解を得て、多摩川スピードウェイの建設開始。日本初の自動車専用サーキット。長径450m、短径260m、一周1.2km、簡易舗装、3万人収容スタンド	
4月3日		オオタが三井財閥の出資により高速機関工業として発足
4月		日産が、東洋一の横浜工場本格稼働
1936 昭和11 2月26日		2・26事件。戒厳令発動
5月9日	多摩川スピードウェイ完成	
5月29日		自動車製造事業法交付
6月7日	全日本自動車競走大会。多摩川スピードウェイ。報知新聞社主催、日本自動車競走倶楽部後援	AA型/AB型乗用車発表。豊田自動織機製作所
10月25日	秋季自動車競走大会。多摩川スピードウェイ。日本自動車競走倶楽部主催、報知新聞社後援	
1937 昭和12 4月18日	全関東自動車競走大会。多摩川スピードウェイ。大日本高速度機関性能試験協会主催	
5月16日	全日本自動車競走大会。多摩川スピードウェイ。報知新聞社、日本自動車競走倶楽部主催	
7月7日		盧溝橋事件、日中戦争始まる
7月18日	全国自動車競走大会。多摩川スピードウェイ。全国自動車競走倶楽部主催、読売新聞社後援、日刊自動車新聞社協賛	
		報知新聞が「ガソリンの一滴は血の一滴」と掲載し、自動車競走も衰微を始める
1938 昭和13 4月17日	全日本自動車競走大会。多摩川スピードウェイ。日本自動車競走倶楽部主催、報知新聞社後援。有力選手の過半が戦地へ。藤本軍次・太田祐雄・榊原郁三らベテランが出場	
		小型自動車の「ダットサン」「オオタ」「京三号」「ダイハツ号」などが生産中止に
1939〜45		太平洋戦争→第二次世界大戦。モータースポーツは世界的に中止
1949 昭和24 11月6日		全日本モーターサイクル選手権大会。多摩川スピードウェイ。小型自動車競走会主催
1950 昭和25 5月27日	「小型自動車競走法」交付。自動車産業振興・地方財政の改善が目的。以後、各地でオートレースが開催され、戦後の4輪小型レーサーの開発が始まる(4輪開催は73年まで)	
7月16日		日米対抗全日本モーターサイクル選手権大会。多摩川スピードウェイ。日本MC選手協会/読売新聞社主催

▼参考文献
『日本自動車工業史稿(2)』(自動車工業会/1967年)
「日本自動車競走倶楽部の集い」(1965年2月13日)
『サーキットの夢と栄光・日本の自動車レース史』(GP企画センター編/グランプリ出版/1989年)
「轍をたどる・戦前自動車競走史4〜6/岩立喜久雄」『オールドタイマー』(八重洲出版/2003年)
「思い出のレース(1922年〜1938年)/山本直一」『全日本自動車クラブ選手権レース大会・公式プログラム』(JAF/1965年)
『ドライバー臨時増刊・日本のクルマ100年』(八重洲出版/1974年)
『別冊モーターファン・国産車100年の軌跡』(三栄書房/1978年)
『昭和の日本　自動車見聞録』(小林彰太郎編/トヨタ博物館/2013年)

10　レース・リザルト（戦績表）

●1934　全日本自動車競走選手権大会　主催：日本自動車競走倶楽部／後援：報知新聞社
開催日：10月13-14日（10月6-7日から延期）　場所：月島四号埋立地（一周1哩）

レース区分	周回数	順位	No.	選手名	車名	タイム
第1日・第1予選	3周					
		1		内山駒之助	ビドル	3'34"
		2	11	川越　豊	ウイリス	3'41"
		3		三津石六郎	フォード	4'04"
第1日・第2予選	3周					
		1	20	榊原　眞一	カーチス	2'52"
		2	10	木村　安治	ブガッティ	2'55"
早大学生競走	3周					
		1		山田	フォード	3'22"
		2		米倉	シボレー	3'22"
		3		白木	シボレー	
		4		西尾	フォード	
第1日・第3予選	3周					
		1	7	長島　正虎	フォード	3'23"
		2	5	関根　宗次	アルビス	3'27"
		3		加藤	ビドル	3'41"
第1日・第4予選	3周					
		1	2	栄田　義信	シボレー	3'14"
		2	4	丸山　哲衛	スワロー	3'38"2
		3	22	伊澤　誠三	ピアスアロー	3'46"
報知杯争奪競走						
		1	10	木村　安治	ブガッティ	7'01"
		2	11	川越　豊	ウイリス	7'32"
		3	22	伊澤　誠三	ピアスアロー	
会長杯争奪競走	6周					
		1	2	栄田　義信	シボレー	6'54"
		2	20	榊原　眞一	カーチス	6'58"5
		3	7	長島　正虎	フォード	7'36"
フォード杯競走	7周					
		1	5	関根　宗次	アルビス	8'50"
		2	22	伊澤　誠三	ピアスアロー	8'52"
		3	11	川越　豊	ウイリス	9'16"
飛入競走	7周					
		1	1	市川　武男	マーモン	10'09"
		2		三津石六郎	フォード	10'22"
		3	11	川越　豊	ウイリス	10'56"2
決勝	10周					
		1	20	榊原　眞一	カーチス	12'19"
		2		三津石六郎	フォード	14'24"
早大学生競走	3周					
		1		長谷川	フォード	4'48"
		2		猪村	クロネコ	
第2日・第1予選	5周					
		1	7	長島　正虎	フォード	5'48"
		2	4	丸山　哲衛	スワロー	5'53"
		3		内山駒之助	ビドル	7'50"
第2日・第2予選	5周					
		1	10	木村　安治	ブガッティ	5'29"
		2	3	牧野　眞	フォード	5'31"
		3	22	伊澤　誠三	ピアスアロー	5'47"
第2日・第3予選	5周					
		1	20	榊原　眞一	カーチス	5'49"
		2		上野　倉造	シボレー	6'00"
		3	11	川越　豊	ウイリス	6'00"2
第2日・第4予選	5周					
		1	2	栄田　義信	シボレー	5'43"5
		2	5	関根　宗次	アルビス	5'50"5
		3		内藤	ポンティアック	10'01"
会長杯競走	7周					
		1	20	榊原　眞一	カーチス	7'57"
		2		上野　倉造	シボレー	8'26"
		3	11	川越　豊	ウイリス	8'26"5
報知杯競走	7周					
		1	11	川越　豊	ウイリス	8'31"
		2	22	伊澤　誠三	ピアスアロー	8'36"5
		3		内藤	ポンティアック	

レース区分	周回数	順位	No.	選手名	車名	タイム
フォード杯競走	7周					
		1	3	牧野　眞	フォード	8'24"
		2		上野　倉造	シボレー	9'29"
		3		内山駒之助	ビドル	
飛入競走	10周					
		1		内田	フォード	12'06"
		2	5	関根　宗次	アルビス	12'17"
		3	1	市川金四郎	マーモン	12'32"
決勝	15周					
		1	20	榊原　眞一	カーチス	17'36"2
		2	10	木村　安治	ブガッティ	18'16"
		3	2	栄田　義信	シボレー	18'36"2
早大学生競走	3周					
		1		諏訪	フォード	3'53"
		2		長谷川	フォード	3'58"2
		3		西村	シボレー	

輝ける記錄に飾られ 盛況裡に幕を閉づ 晴の榮冠は榊原君に

全日本自動車競走 選手權大會

秋、晴天二日！全日本自動車競走選手權大會第二日の十四日は劈頭から五哩五分廿九秒、直線コース百十哩といふ驚異的大記錄を生んで

待望

酬はれ、更に三十四年度全日本の選手權を爭ふ我國最初の十五哩競走を迎へた、ばく進し突進するは强豪カーチス、追ふは豪華ブガチ、續いて伊英シボレー、尾を引く疾風は流星の軌跡、三萬の興奮を白熱してつらぬいた、かくてかゞやける選手權保持のペナントはカーチス五十一馬力の榊原眞一君の手に落ちた、また本社大優勝杯はウイリスの鬪士川越豊君の腕に自動車競走倶樂部會長堀内中將杯はこれもカーチスの榊原君に、フオード杯はフオードの巧者牧野眞君の手に落ちた、幾多かゞやける

記錄

を飾つて午後四時大會の幕は靜かに垂れ大會の惜別、鬪士の讃美は高らかな群衆のエールとなつて月島原頭にとゞろいた――かくて『全日本自動車競走選手權大會』はさつ爽と我國スピードスポーツ界を先驅して去つた、インデアナポリスへの挑戰、優俊レーサーの大量生產へ、漸くまばゆいれい明を呼んだ、その巨軀の後にかゞやかしい白日の光が續くのである――茫々たる月島埋立地にひるがへるまん幕、亂れたる興奮をのせた白木の觀覽所、えんえんたる鐵架の如く亂立した本社旗、お臺場を遠景にしたマイクの挨拶、枯草に着物の裾を引掛けて混雜したあの

素朴

な大群衆、そしてレーサーのシリンダーにからみついた一本の枯れ草さへ本大會創始時代のなつかしい回顧となつたのである……なほ夕刊後の記錄は左の如くである

◇會長杯競走（七周） 1カーチス（榊原）七分五七秒2シボレー（上野）八分二六秒3ウイリス（川越）八分二六秒五

【經過】 スタートからカーチス斷然早くぐんぐん引離して悠々ゴールしウイリス・シボレーの競走は果然白熱してコーナーにウイリス强く、ストレートではシボレー拔いて豫想を許さなかつたがラストストレツチでシボレー僅かに二車身の差で二着に入る

◇報知杯競走（七周） 1ウイリス（川越）八分三一秒2ピアサロ（伊澤）八分三六秒五3ポンテアク（內藤）

【經過】 スタートはフオード、ウイリス、ピアサロ、ポンテアクの順でフオード輕快に引離し五周目までに二着のウイリスを五百米餘リードしたが第二コーナーにかゝ[illegible]

[illegible]とにしてゐます、勝負[illegible]中國の二人が今どうしてゐるかも知りません、しかし今も勝負は不びんだと思つてゐます、以前から憎んでなど居ません（[illegible]は歸朝した兒玉博士）

[illegible]優勝した[illegible]ため失格となり[illegible]ブに飛んでゴール[illegible]差二百米、ポンテアクに[illegible]にありながらよく力走して[illegible]を完了した

◇フオード杯競走（七周） 1フオード（牧野）八分二四秒 シボレー（上野）九分二九秒

【經過】 フオード終始トツプ[illegible]シボレーは一周目に二着、三周目三番に落ちドラゴン二着を走る、シボレーは更にビドルにも拔かれたが五周目に拔き、フオード、ドラゴン、シボレーの順でゴール、しかしドラゴンはコースを誤つたため失格して番外となる

◇飛入競走（十周） 1フオード（內田）一二分六秒2アルビス（關根）一二分一七秒3マーモン（市川）一二分三二秒五

【經過】 出場車九臺、スタートから猛烈なせり合ひとなり[illegible]では勝敗全く豫想を許さなかつた

榮冠を得た選手＝右から日本選手權と會長杯を獲た榊原君、フオード杯の牧野君と助手、選手權決勝二着の木村君、報知杯を獲た川越君

●1936　全日本自動車競走大会　主催：報知新聞社／後援：日本自動車競走倶楽部
開催日：6月7日　場所：多摩川スピードウェイ

レース区分	周回数	順位	No.	選手名	車名	タイム	平均時速
ゼネラルモータース・カップ	15周						
		1	4	丸山　哲衛	メルセデス	13'52"4	77.85km/h
		2	29	多田　健蔵	ベントレー	15'50"8	
フォード・カップ	15周						
		1	11	川越　　豊	ハップモビル	12'41"8	85.06km/h
		2	27	木村　安治	フォード	12'43"0	
		3	25	市川金四郎	マーモン	12'43"4	
		4	35	内藤喜代治	ヒラツカ		
国産小型	10周						
		1	22	太田　祐一	オオタ	10'43"8	67.10km/h
		2	23	太田　祐茂	オオタ	13'55"4	
		3	3	内山駒之助	ダットサン	14'31"8	
		4	1	澤口　武雄	ダットサン		
		5		比原　松熊	ダットサン		
ボッシュ・カップ	25周						
		1	2	榊原　眞一	カーチス	21'00"8	85.66km/h
		2	7	藤本　軍次	ブガッティ	21'01"4	
		3	11	川越　　豊	ハップモビル	24'40"4	
		4	4	丸山　哲衛	メルセデス		
		5	29	多田　健蔵	ベントレー		
商工大臣カップ	30周						
		1	22	太田　祐一	オオタ	36'14"8	59.59km/h
		2	1	澤口　武雄	ダットサン	36'56"8	
		3	23	太田　祐茂	オオタ	45'07"4	
		4	33	多田　健蔵	ダットサン		
優勝カップ	100周						
		1	24	川崎　次郎	インビクタ	1:45'32"8	68.22km/h
		2	2	榊原　眞一	カーチス	1:46'15"6	
		3	29	多田　健蔵	ベントレー	1:53'45"6	
		4	22	太田　祐一	オオタ		
		5	21	尾崎　茂雄	ドラゴン		
		6	35	内藤喜代治	ヒラツカ		
		7	11	川越　　豊	ハップモビル		
番外スロースピード							
		1		江川			
		2		横山			
		3		宇留木			

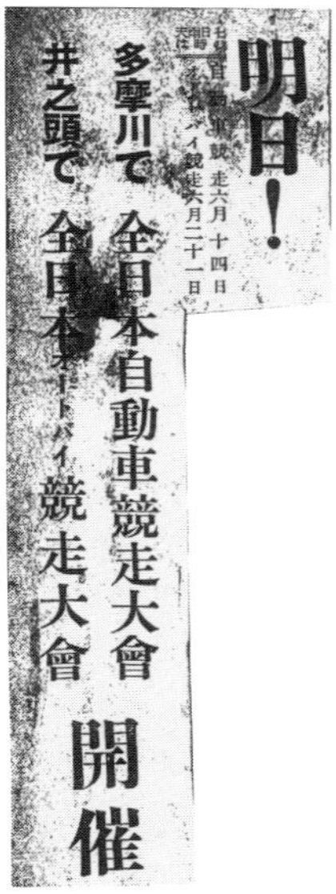
明日！
多摩川で　全日本自動車競走大會
井之頭で　全日本オートバイ競走大會
開催

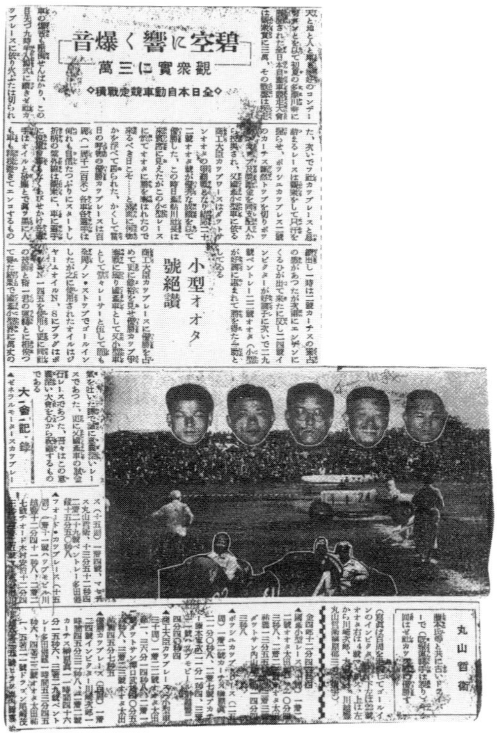
碧空に響く爆音
観衆實に三萬
◇全日本自動車競走戦積◇
小型オオタ號絶讃
丸山哲衛

三萬の觀衆熱狂
商相杯は卅周の太田選手に
優勝杯は百周の川崎選手に
本社主催 自動車大競走

完全

スリル滿喫

優勝

第1回大会では、番外として「スロースピードレース」という珍しいレースを催されていることが紹介されている。

●1936　秋季自動車競走大会　　主催：日本自動車競走倶楽部、報知新聞社
開催日：10月25日（10月18日から延期）　場所：多摩川スピードウェイ

レース区分	周回数	順位	No.	選手名	車名	タイム	平均時速
第1・ゼネラルモーターース/ダッヂブラザース・カップ	15周						
		1	15	金井　順一	ダッヂブラザース	10'38"2	101.54km/h
		2	30	廣江要一郎	シボレー	11'	
		3	26	栄田　義信	シボレー	11'36"	
第2・ダットサン・カップ	10周						
		1	38	大津　健次	ダットサン	7'29"6	96.09km/h
		2	3	野邊　五郎	ダットサン	7'30"3	
		3	8	内山駒之助	ダットサン	7'40"	
第3・ケンドール・カップ	15周						
		1	6	後藤　紫朗	エム・エー・シー(クライスラー)	10'45"8	100.34km/h
		2	11	川越　　豊	ハップモビル	11'44"5	
		3	32	小川　　豊	マーモン	11'45"	
第4・グッドリッチ・カップ	15周						
		1	19	石井　正愛	ミゼット・オブ・ドリーム	11'45"8	91.81km/h
		2	18	安斎平八郎	ダットサン	11'47"5	
		3	4	丸山　哲衛	メルセデスベンツ	12'	
第5・フォード・カップ	15周						
		1	27	木村　安治	フォード	10'21"6	104.25km/h
		2	35	内藤喜代治	ヒラツカ	10'25"	
		3	24	川崎　次郎	インビクタ	11'10"5	
第6・商工大臣カップ	20周						
		1	18	安斎平八郎	ダットサン	14'27"2	99.63km/h
		2	36	加藤　一郎	ダットサン	14'40"5	
		3	3	野邊　五郎	ダットサン	14'45"5	
第8・混合	15周						
		1	20	内山?本田?	フォード	11'27"1	94.31km/h
		2	31	三津石六郎	フォード	11'35"	
		3	21	尾崎　茂雄	ミス・フクシマ	11'41"6	
第9・C級決勝ブリヂストン・カップ	20周						
		1		竹内	マーモン	14'25"2	99.86km/h
		2	26	栄田　義信	シボレー	14'30"4	
		3	3	野邊　五郎	ダットサン	14'52"4	
第10・B級決勝ダンロップ・カップ	20周						
		1	35	内藤喜代治	ヒラツカ	14'24"	100.00km/h
		2	11	川越　　豊	ハップモビル	14'41"2	
		3	30	廣江要一郎	シボレー	14'48"4	
第11・A級決勝ボッシュ・カップ	30周						
		1	27	木村　安治	フォード	20'54"2	103.33km/h
		2	15	金井　順一	ダッヂブラザース	21'08"3	
		3	6	後藤　紫朗	エム・エー・シー(クライスラー)	22'56"4	

第二回自動車競走大會

若しこのレースにオオタ號が參加して居れば面白い白熱戰が展開されたのであるが、期待してゐただけにその中止は殘念で何となく寢醒めが惡い。

全國產車が總出動して商工大臣カツプの爭奪戰を行ふのでなければ意義が薄い。明年は是非ともオオタは勿論、ツクバ、京三、ライト等の國產小型が參加し得るよう、主催者側たるクラブ委員の方々に努力を願ひたいものである。

六臺のダツトサンと夢の小法師が一臺加はつての接戰だが、殆んどダツトサン車のみの獨走に終始し、小法師には少しも戰意がなかつた樣だ。

一着、ダツトサン(安藤)一四分二七秒
二着、同(加藤)一四分四〇秒
三着、同(野邊)一四分四三秒½

第七回　タイムレース（十五周）

このレースは十五周を一一分以內でゴールインするタイムレースであるがカーチス四八馬力が出場して走つたが大馬力級の競走車が存分にスピードを出す場所としては、コースが餘りに小さく危險である。スピードは直線コースをほんの瞬間だけしか利用出來ないカーブなどでは二回も回轉スリツプし危險この上もなく終に中止となつて仕舞つた。せめて直線コースだけでも一哩位あるスピード・ウエイがほしいものである。

一周一二〇〇米コースを四十一秒フラツトで走つた記錄を占したと矢澤委員は云つてゐるが、カーブを改善すれば、これ以上の記錄を得られようし、また直線コースをもつと長いものとすれば現在の七馬力半のダツトサン級でも更に好記錄を占めすものと思はれる。

第八回混合レース（十五周）

このレースは前回までに入賞洩れした參加車全部の出場だけに仲々興味深く、互に五分五分の技倆でフオード二〇號と三一號、ミス・フクシマ二一號の三臺が、シーソーゲームに終始しつゝ二〇號、三一號、二一號の順でゴールに入る。

一着、フオード(本田)一一分二七秒
二着、同　(三津石)一一分三五秒
三着、ミス・フクシマ(尾崎)一一分四一秒

第九回C級決勝ブリヂストン・カツプレース（二十周）

三臺車のみを組合せたマーモン、シボレー、ダツトサン、マセデスベンツ、インビクター等の力走で、スタートよ

第8回混合レース（15周）の優勝者は、フォード（本田）とあり、この記事の結果が正しければ、本田宗一郎氏は多摩川スピードウェイでのレースにおいて、1位になった経験があることになる。右ページ資料では優勝・内山とある。

秋季自動車競走大會

三萬の觀衆熱狂
多摩川畔のスピードスリル
商相杯は安齋氏に

本社後援日本自動車競走倶楽部主催秋季自動車競走大會は二十五日午前十時から多摩川スピードウエイで開催された、秋色深き多摩の河畔のほとりスピードのみが持つ醍醐のスリルを滿喫せんと集まつた觀衆無慮三萬、競走はゼネラルモーターズ・ダッヂブラザースカップレース十五周から開始、一戰ごとに燃上る興奮にファンは全く魅了された、全國注目の商工大臣杯レース（二十周）を終つて正午一旦休憩、午後はタイムレース、混合レース等にそれぞれ興味の焦點を置き、各レース一等車の決勝戰（三十周）を最後に午後三時半競走を終り、會長代理少將から各優勝者に優勝杯、優勝旗の授與式があつて同四時過ぎ盛況裡に閉會した、各レース入賞者左の通り

寫眞説明 （上）A級ボッシュカップレース（下）同レースの優勝カップ授與式、受くるは木村選手、授くるは唐原會長

◇ゼネラルモーターズ・ダッヂブラザースカップレース（十五周）
1ダッヂブラザース號（會井）一〇分三八秒五分一2シボレー號（菅山）一一分3シボレー號（松田）一一分三六秒

◇ダットサンカップレース（十周）
1ダットサン號（大藤）七分二九秒五分三2ダットサン號（野島）七分三〇秒3ダットサン號（內山）七分四〇秒

◇ケンドールカップレース（十五周）
1エム・エー・シー號（後藤）一〇分四五秒五分四2ハップモビル號（川崎）一一分四四秒二分一3マーモン號（竹內）一一分四五秒

◇グードリッチカップレース（十五周）
1ミゼット・オブ・ドリーム號（石井）一一分四五秒五分四2ダットサン號（安齋）一一分四七秒二分一

◇フォードカップレース（十五周）
1フォード號（木村）一〇分二一秒五分三2ヒラッカ號（內藤）一〇分二五秒3インビクター號（川崎）一一分一〇秒二分一

◇商工大臣カップレース（二十周）
1ダットサン號（安齋）一四分二七秒五分一2ダットサン號（高藤）一四分四〇秒二分一3ダットサン號（野島）一四分四五秒二分一

◇混合レース（十五周）
1フォード（內山）一一分二七秒一〇分一2フォード（三津石）一一分三五秒3ミス・フクシマ（內藤）一一分四一秒五分三

◇U級決勝ブリッヂストンカップレース（二十周）
1マーモン號（竹內）一四分二五秒2シボレー號（會井）一四分三〇秒五分二3ダットサン號（野島）一四分五二秒五分二

◇B級決勝ダンロップカップレース（二十周）
1ヒラッカ號（內藤）一四分二四秒2ハップモビル號（川崎）一四分四一秒五分一3シボレー號（會井）一四分四八秒五分二

◇A級決勝ボッシュカップレース（三十周）
1フォード號（木村）二〇分五四秒2ダッヂブラザース號（會井）二一分〇八秒3エム・エー・シー號（後藤）二二分五六秒五分二

唐原審判長談

路面整備の完全によつて前回に比しスピードの記錄が特に目立つて來た、本日のレース中三九秒といふ日本における驚異的なラップタイムを出したものもあり、最後のA級優勝レースに木村選手のフォードによる平均ラップタイム四二秒は優秀なものではあるがまだまだ縮めることが出來るであらう、國産車特にダットサン號が面目を一新して活躍したことは欣快の極みで、好敵手すゞタ號の故障欠場がなかつたら實に記錄的に見るべきものがあつたであらう

第2回大会は秋季自動車競走大会という名称が使われている。

◉1937　全関東自動車競走大会　　主催：大日本高速度機関性能試験協会／協賛：東横・目蒲・電鉄
開催日：4月18日　場所：多摩川スピードウェイ

エントリーリストとタイムスケジュールはあるが、結果類一切なし

◉1937　全日本自動車競走大会　　主催：日本自動車競走倶楽部&報知新聞社
開催日：5月16日（5月2日から延期）　場所：多摩川スピードウェイ

レース区分	周回数	順位	No.	選手名	車名	タイム	平均時速
第1・小型車	15周						
		1	23	太田　祐一	オオタ	11'57"	90.38km/h
		2		神津　正保	オオタ	11'58"3	
		3	2	榊原　眞一	オオタ	15'04"2	
第2・三級車	15周						
		1	14	中村　重忠	ヒルマン	11'17"	95.72km/h
		2		美濃部亀吉	ボクスホール		
		3	17	青木　敏夫	メルセデスベンツ	11'31"	
第3・小型車	15周						
		1	22	太田　祐治	オオタ	11'31"4	93.72km/h
		2	43	鈴木伊三郎	オオタ	11'32"5	
		3	10	長島　正虎	オオタ	12'16"6	
第4・二級車	15周						
		1	26	栄田　義信	シボレー	10'26"6	103.42km/h
		2	30	廣江要一郎	シボレー	10'29"	
		3	35	内藤喜代治	マーモン	10'33"2	
第5・一級車	15周						
		1	35	内藤喜代治	フォード	10'15"	105.37km/h
		2	6	後藤　紫朗	クライスラー	10'29"6	
		3	24	川崎　次郎	インビクタ	10'35"2	
第6・一級車	15周						
		1	15	金井　順一	ダッヂブラザース	9'56"2	108.69km/h
		2	27	木村　安治	フォード	9'57"4	
		3	11	尾崎　茂雄	ハップモビル	10'44"	
		4		三澤　健二	フォード		
第7・商工大臣カップ	30周						
		1	23	太田　祐一	オオタ	22'21"4	96.62km/h
		2	43	鈴木伊三郎	オオタ	22'35"8	
		3	22	太田　祐治	オオタ	22'40"6	
		4		神津	オオタ		
		5	2	榊原　眞一	オオタ		
第8・C級決勝	10周						
		1		臼井　正澄	フォード	7'17"	98.86km/h
		2		伊澤	ミス・フクシマ	7'31"2	
		3	10	長島　正虎	オオタ	7'59"	
		4		山本　　昇	メルセデスベンツ		
第9・B級決勝	30周						
		1	22	太田　祐治	オオタ	23'33"6	91.68km/h
		2		美濃部亀吉	ボクスホール	24'10"4	
		3	43	鈴木伊三郎	オオタ	24'12"4	
第10・ボッシュ・カップ	50周						
		1	15	金井　順一	ダッヂブラザース	33'47"4	106.54km/h
		2	11	尾崎　茂雄	ハップモビル	35'55"4	
		3	23	太田　祐一	オオタ	38'07"4	
第11・優勝会長カップ	50周						
		1	27	木村　安治	フォード	33'55"8	106.10km/h
		2	24	川崎　次郎	インビクタ	34'00"6	
		3	26	栄田　義信	シボレー	34'44"4	

◉1937　第１回全国自動車競走大会　　主催：全国自動車競走倶楽部／後援：読売新聞社／協賛：日刊自動車新聞社
開催日：7月18日　場所：多摩川スピードウェイ

エントリーリストはあるが、結果類一切なし

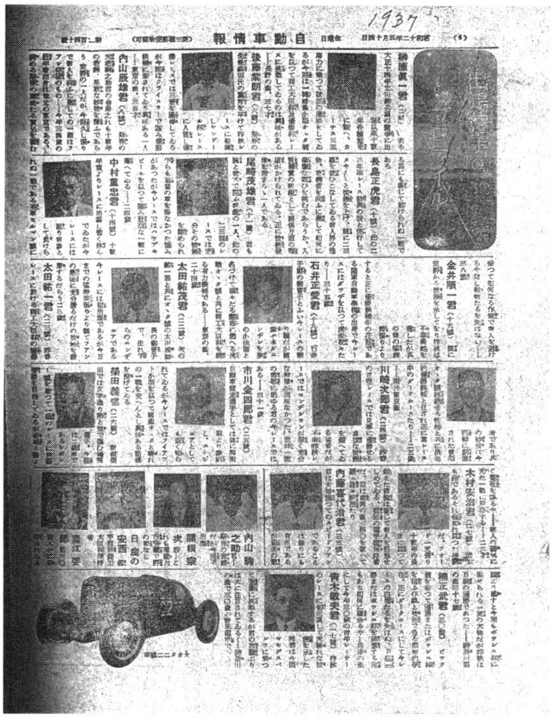

1937

自動車情報

■第３回 全日本自動車競走大会の二日前に新聞掲載された出場選手のプロフィール記事（1937年５月14日付）出典：自動車情報

※下記の文章は、写真の記事内容にできるだけ忠実に、最小限の変更で現代文にしている。また、一部の文章を省略しているところもある。

■榊原眞一君（2号車・オオタ）
去る1925（大正14）年、立川練兵場の競走に出場以来十数年、各種競走で鍛え、カーチス号（55馬力）に乗って数回の優勝をしているが、今回は一転、国産小型オオタ号で商工大臣杯及び優勝杯レースに挑戦。長野県生まれ、37歳

■後藤紫朗君（6号車・クライスラー）
自動車競走の先輩森田氏の教えを受けて、昨秋レースに初陣。ケンドール杯レースに入賞し、優勝レースでは3着を獲得。今回はクライスラーで挑み、優勝候補に挙がっている。東京生まれ、35歳

■内山辰雄君（8号車）
自動車競走会の重鎮である内山駒之助君の舎弟。十数年の老練、果敢な走りを発揮するであろう。今回は久しぶりに新人を向こうに回しての一戦はファン待望のもの。病める実兄のためにも負けられない一戦である。34歳

■長島正虎君（10号車・オオタ）
この2、3年来、メキメッキと技量を上げている新人界の逸材。ベテランを向こうに回し、如何に豪胆な戦いを挑むであろうか。入賞確実な新鋭として関係方面から期待されている。

■尾崎茂雄君（11号車・ハップモビル）
尾崎君も腕と意気で戦う新鋭の一人。この2、3回のレースでは充分その技量を認められながらも、適当な車を得なかった感があったが、今レースではハップモビルをもって臨み、壮烈な一戦に備えている。24歳

■中村重忠君（14号車・ヒルマン）
十数年前よりレースに出場し、しばらく休んでいたが、今レースには返り新参として負けられぬ一戦である。ヒルマン号に乗って如何なる作戦で新人を退けるや期待される。38歳

■金井順一君（15号車・ダッヂブラザーズ）
既に定評ある技量を示しており、昨秋は不幸にも大事な機会を逸したが、その後の猛練習により、正に優勝候補中の花形である。陸軍自動車学校の出身で今レースにはダッヂをもって虎視眈眈である。35歳

■石井正愛君（19号車・ミゼットオブドリーム）
石井子爵の御曹司という今レースの変わり種だが、ハネダエンジンを夢の小法師と名付けて、満々たる闘志に燃え挑戦。オオタ号と共に商工大臣杯の有力候補である。東京生まれ、24歳

■太田祐茂君（22号車・オオタ）
太田祐一君と共にオオタ号の太田祐雄技師長の御曹司で、生まれながらのエンジニアである。今レースには初出場であるが、今日までの猛精進振りよりみて、ファンの熱望に充分に応えるだけの技量を発揮するだろう。東京生まれ、23歳

■太田祐一君（23号車・オオタ）
昨春レースにおける商工大臣杯の獲得者であり、その妙技は今回、特に製作された新型オオタ号の超絶たる性能と共に決定的な優勝候補と目され、正に当レースのダークホースである。東京生まれ、25歳

■川崎次郎君（24号車・インビクタ）
昨春の100マイルレースでは見事に優勝した卓抜たる技量を鍛えている猛者だが、不幸にも昨秋のレースではコンディションが悪く充分な力が発揮できなかった。今レースは乾坤一擲の雪辱に燃える。31歳

■市川金四郎君（25号車・フィアット）
自動車競走選手としては既に黎明期より参加し、エンジニアとしても広く知られているが、今レースではフィアットの小型車をもって国産オオタ号と一戦を交えることで、興味ある話題を投げかけている。

■榮田義信君（26号車・シボレー）
新鋭で文字通り情熱と技量で臨む優秀選手。今回は2級車であるシボレー号で1級のレースに出場。優勝を目指しているが、臨機応変の策略で栄冠を得るか──新人の覇気に満ちた一戦に期待する。26歳

■木村安治君（27号車・フォード）
言うのも愚であるほど知れ渡った横綱。フォード一途十数年の長きにわたって鍛えた腕前は、断じて新人を屈服させている前回の選手権保持者だ。40歳を超えてますます意気軒昂である。

■内藤喜代治君（35号車・フォード）
内藤君は夫婦揃ってスピードファンであることはあまりにも有名であるが、過去の戦績から推し量ると、今回もボッシュ杯に参加する一流の大物。昨秋はB級の優勝者であった。神奈川県生まれ、37歳

■楠正武君（50号車・ビュイック）
ビュイック号で優勝またはボッシュ杯を狙う作戦と技量の傑物的存在。正にダークホースにして今レースの白眉たる存在。如何に頑張るや、青年レーサー。兵庫県生まれ、今年30歳

■青木敏夫君（17号車・メルセデスベンツ）
昨秋のレースに初出場してあっぱれな技量を発揮した。今回はメルセデスベンツに乗って強豪に挑戦するが、青木君の大胆ぶりは大いに注目される、青年選手である。神奈川県生まれ、30歳

●1938　全日本自動車競走大会　主催：日本自動車競走倶楽部／後援：報知新聞社
開催日：4月17日　場所：多摩川スピードウェイ

レース区分	周回数	順位	No.	選手名	車名	タイム	平均時速
第1・国産小型車	5周						
		1	22	太田　祐雄	オオタ	3'58"2	90.68km/h
		2	10	中村　正蔵	オオタ		
		3	2	榊原　郁三	オオタ		
		4	25	市川金四郎	オオタ		
第2・C級	5周						
		1	17	長島　正虎	メルセデスベンツ	3'36"2	99.91km/h
		2	5	小早川元治	エムジー		
		3	14	梶　外次郎	ヒルマン		
		4	1	美濃部亀吉	ボクスホール		
		5	9	牧野　眞	メルセデス		
第3・B級	5周						
		1	15	金井　順一	ダッヂ	3'39"2	98.54km/h
		2	26	佐久間　章	シボレー		
		3	35	山口　進	マーモン		
第4・A級	5周						
		1	12	猪俣　四郎	ミス・ニッポン	3'16"5	109.92km/h
		2	30	内藤喜代治	ヒラツカ	3'19"3	
		3	16	山本　昇	ハドソン		
		4	11	眞田　幸一	ハップモビル		
第5・番外ベテラン	5周						
		1		藤本　軍次	ハドソン	3'41"	97.74km/h
		2		比原　松熊	ダッヂ		
第6・国産小型車	5周						
		1	10	中村　正蔵	オオタ	4'00"6	89.78km/h
		2	2	榊原　郁三	オオタ	4'32"2	
		3	22	太田　祐雄	オオタ	4'33"6	
第7・B級	5周						
		1	15	金井　順一	ダッヂ	3'37"	99.54km/h
		2	35	山口　進	マーモン	3'43"5	
第8・A級	5周						
		1	12	猪俣　四郎	ミス・ニッポン	3'10"5	113.39km/h
		2		内藤喜代治	ヨコハマ	3'24"4	
		3	16	山本　昇	ハドソン	3'24"6	
第9・C級	5周						
		1	17	長島　正虎	メルセデスベンツ	3'55"6	91.68km/h
		2	14	梶　外次郎	ヒルマン	3'56"4	
第10・C級決勝	10周						
		1	17	長島　正虎	メルセデスベンツ	7'28"6	96.30km/h
		2	14	梶　外次郎	ヒルマン	7'45"3	
		3	1	美濃部亀吉	ボクスホール	8'30"2	
第11・B級決勝	15周						
		1	15	金井　順一	ダッヂ	10'23"2	103.98km/h
		2		坂本	ハドソン	10'26"2	
		3	35	内藤喜代治	マーモン	10'54"6	
第12・国産小型決勝	15周						
		1	22	太田　祐雄	オオタ	11'32"	93.64km/h
		2	10	中村　正蔵	オオタ	11'33"	
		3	2	榊原　郁三	オオタ	11'34"4	
第13・A級決勝	15周						
		1	12	猪俣　四郎	ミス・ニッポン	9'29"6	113.76km/h
		2		内藤喜代治	ヨコハマ		
第14・番外混合	10周						
		1		内藤喜代治	フォード	6'48"2	105.83km/h
		2	16	山本　昇	ハドソン	6'49"	
		3		太田	ボクスホール	12'13"4	

資料によってデータには若干相違がある点に注意。平均時速は一周1.2kmとして計算したもので、当時の資料には記載されていない

ミス・ニッポン優勝

國產車はオオタ號連勝

A級優勝のミス・ニッポン

愈・々・け・ふ

全国 青年雄辯選手權大會

午前十一時半開會 於九段軍人會館講堂

來聽歡迎 —入場無料—

後援 文部省　主催 大日本雄辯會講談社、報知新聞社

主催 日本自動車競走倶樂部　後援 報知新聞社

入場料 五十錢均一

午前十時開會 於多摩川スピードウエイ

全日本自動車競走大會

国産車のオオタの活躍を“常勝のオオタ（太田）”と表現して称えている。

11　多摩川スピードウェイの跡地

現在の多摩川スピードウェイの跡地。（東急東横線と丸子橋は当時と変わらない）

ここに掲載した３点の写真は、2012 年（平成 24 年）頃に撮影された多摩川スピードウェイのあった場所を撮影したものである。上の写真は、当時の観客席部分でコンクリート製の階段形状である。本文 101 頁は角度と撮影の位置は少し異なるが、参考にしていただきたい。この観客席部分に「多摩川スピードウェイ 80 周年記念プレート」が 2016 年（平成 28 年）に埋め込まれている（125 頁）。下左の写真は、元の観客席として使用されていた部分を逆方向から撮影（90 ～ 91 頁参照）。当時のコース部を撮影した下右の写真は、本文の 44 頁下の写真と見比べると背景の森の部分に住宅が増えているが、全体の風景はそれほど変わっていないように見える。　**【編集部】**

12　日本自動車競走倶楽部会則・競技規則 他

次ページからの6ページ分は、多摩川スピードウェイ全盛期である1930年代後半当時の「全日本自動車競走大会」競技規則書・参加申込書や「日本自動車競走倶楽部」会則や会員名簿そのものの複写である（住所の一部は消してある）。スペースの都合上、縦組み文章を続けて掲載してあるが、各ブロック右下にあるABCDごとに別々の資料となっている。書式や文面自体が興味深いので、原文のまま掲載する。いずれも旧オオタのタマチ工業・太田邦博氏からお借りした。

★ 日本自動車競走倶楽部 ★

N. A. R. C

── 創立　大正11年10月 ──

第43回 総 会 記 念 写 真

昭和40年２月13日　イースタンビル地下キムラヤにて

前列右から2人目は内藤喜代治氏。2列目右から2人目は本田宗一郎氏、3人目は榊原郁三氏、5人目は野沢三喜三氏、6人目は藤本軍次氏、7人目は関根宗次氏。3列目右から3人目は多田健蔵氏、5人目は榊原真一氏、10人目は太田祐一氏、12人目は小早川元治氏。4列目右から5人目は太田祐茂氏と思われる。

資料C

乗車申込書

昭和　年　月　日（　）多摩川スピードウエイに於て日本自動車競走倶楽部主催の全日本自動車競走大會に於て貴下所有の競走自動車の選手（助手）として乗車致し度申込候也
御許可の上は左記の誓約堅く相守るべく候

記

一、競技規則を嚴守する事。
二、競走中過失又は不可効力に依り御車を破損したる場合と雖も其の責任を持たされざる事。
三、萬一競走中操縦を誤り又は不可効力に依る事故發生又は他車に依る事故の為め死傷を生じたる場合と雖も貴殿に對し毫も損害の請求を為さゞる事。

右後日の為め誓約候也

昭和　年　月　日

右選手（助手）

殿

資料D

競走會出場申込書

私儀今回貴倶樂部主催の秋季自動車競走大會に競技規則並に左記事項承知の上出場参加致し度此段申込候也

昭和　年　月　日　右申込者

車主

日本自動車競走倶樂部代表　比原松熊殿

記

一、臨時出場車は所定の出走料を納付する事
二、選手（助手）の契約又は誓約は車主に於て為す事
三、競技中生じたる事故に對しては倶樂部は何等の責任を負はざる事

競走車輌					
出場車名				競走番号	
馬力	馬力	氣筒数		口徑並衝程	

参加者住所氏名		
車主		
選手		
助手		
技術員		

資料B－2

第十一項　選手ガ交代スル場合ニハ競技前三十分以内ニ其ノ旨申出デ役員ノ承認ヲ受クベシ
第十二項　事故其ノ他ニ依ル損害ハ車主又ハ選手ニ於テ負フベキモノトス
第十三項　本規則ノ規定セザル事故生ジタル場合ハ審判長之ヲ決ス

第一圖

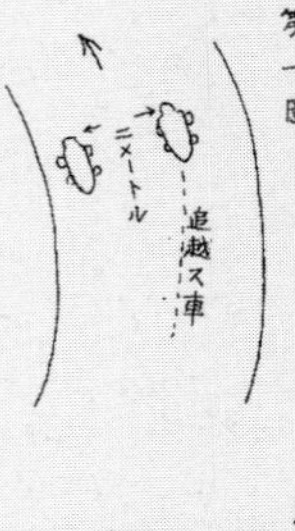

第二圖

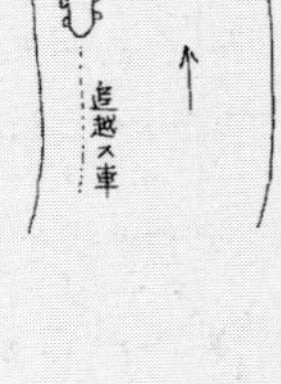

第三圖

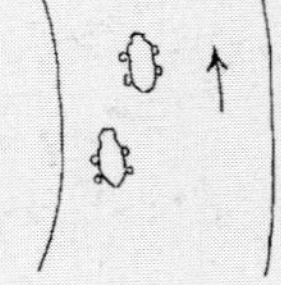

罰則

一、次ノ行為アリタル時ハ失格スルモノトス
イ、發車信号前ニスタートセル場合、「用意」ノ合圖ヲ誤リテ發車スルコト貳回以上ニ亘リタル時
ロ、競技中故意ニ他車ヲ横ニ壓シ又ハ他車ノ前路ヲ斜行スル等他行ノ行進ヲ妨害セシ場合（但シ三車身以上ノ間隔アル場合ハ此ノ限リニ非ズ）
ハ、選手名ヲ偽リ又ハ不正手段ヲ以テ競技ニ参加セシ場合
ニ、第八項ノ規定ニ反シタル者
ホ、其ノ他役員（審判）ノ指示ニ従ハザル場合

◉ 旗ノ信號ハ左ノ如シ

一、出發—（青）　一、停止—（赤）　一、注意—（黄）
一、一周前—（白）　一、決勝—（市松模様）

御通知

愈々全日本自動車競走大會も　五月二日（雨天十六日）と決定致しました事は各位既に御承知の通りにて、今や愛車の手入に專心の御事と存じます。就いてはプログラム編成並に出場車一覽表作成上來る四月十五日迄に別紙同封の申込書に記入の上事務所迄御送付下さい。十五日を以て締切ります から期日に遅れし分は遺憾乍ら掲載漏れとなりますから御注意下さい。

二伸、今回開催の全日本自動車競走大會にイリス商會殿の御厚意によりボッシュ賞金の申出あり、左の通りに付御含み下さい。

○ボッシュ特別レース（五十周）　一着　ボッシュカップ　他　賞金四百圓也

二着　ボッシュカップ　他　賞金貳百五拾圓也

○各レース毎ニ　ボッシュ賞金　一着　四拾圓、　二着　貳拾圓

但しボッシュ スパーク プラングを使用せざる競走車はボッシュ賞金獲得の權利無きものとす。

尚　獨逸ボッシュ　マグネット又は電機裝置あるものは更に附加賞あり

▲優勝レース　一着……會長盃　他　賞金參百圓也

二着……賞金壹百五拾圓也

三着……賞金壹百圓也

▲其他　計画中

總額　賞金　金貳千圓也

以上

日本自動車競走倶樂部

各位

資料A

日本自動車競走選手権大會競技規則

第一項　選手ハ崇高ナル日本精神ヲ以テ競技ヲ完フスルモノトス

第二項　審判長ノ審判ハ神聖ニシテ侵スベカラズ

第三項　出發ハ停止ヨリ為ス

第四項　出發線並ニ決勝線ハラヂエターノ前端トス

第五項　前車ヲ追越ス場合ハ外側ニメートル以上ノ間隔ヲ置クベシ（第一圖参照）

但シ前車ガ非常ニ外側ニ大廻リシ内側ニ四メートル以上ノ間隔アリタル場合ハ内側ヨリ追越スモ差支ナシ（第二圖参照）

第六項　第三圖ノ場合ニ生ジタル事故ノ責任ハ後車ニアルモノトス

第七項　優勝（百哩）競走ニハ資格者以外ニ於テモ挑戰スル事ヲ得

但シ多数ノ場合ハ詮衡ノ上抽籤ニ依リ資格ヲ決定スルモノトス

尚、當日一回モ競技ニ参加セザルモノ（車輛）ハ資格ナキモノトス

（抽籤ニヨリ出場資格ヲ得タル者ノ出発ハ第一線以外ヲ以テシ其ノ距離ハ審判長ニ於テ決定スルモノトス）

第八項　競走中事故生ジタル時ハ他車ノ行進ヲ妨害セザルタメ努メテ手ヲ擧ゲテ合圖シ左右ニ偏走スル事ナク其行進方向ニ徐行スルカ或ハ徐ロニ停止シ安全ナルヲ確認シタル後處置スルモノトス

但シ可能ノ場合ハ成ルベクピットニ持チ行クモノトス

第九項　「用意」ノ豫令下ルモ用意整ハザルカ又ハ其他ノ故障アル時ハ選手ハ右手ヲ擧ゲテ発車ノ猶豫ヲ受クベシ　再ビ豫令下リタル時ハ如何ナル理由アルモ同一車ヨリ更ニ猶豫ヲ請フヲ得ズ

エンヂンストップノ場合モ亦同ジ（但シ株否ハ審判ノ決定ニ依ルモノトス）

第十項　審判員ノ手旗信號ニハ絶對ニ從フモノトス

「注意」信号アリタル場合ハ何等カ異狀アリタルモノト知リ選手ハ競技ヲ中止スル事ナク注意スルヲ要ス

資料B－1

資料Ｅ－５

第拾参條　本倶樂部ニ左ノ役員ヲ置ク
一　理事長　壹名　但シ理事會ニ於テ選擧ス
一　常任理事　四名　右ニ同シ
一　理　事　若干名　但シ總會ニ於テ選擧ス
一　名譽會長、顧問、相談役　理事會ニ於テ推薦ス
理事長、常任理事及理事ノ任期ハ滿貳ケ年トス
但シ再任ヲ妨ケス

第拾四條　理事長ハ倶樂部ノ諸務ヲ執行シ倶樂部ヲ代表ス
常任理事ハ理事長ヲ補佐シ理事長事故アル時ハ之ヲ代理ス
會計ハ互選ヲ以テ理事貳名之ニ當ルモノトス

第六章　會議及會合

第拾五條　會議ヲ分チテ定時總會、臨時總會、理事會トシ理事長之ヲ召集ス

四

資料Ｅ－６

第拾六條　總會ハ左ノ事項ヲ議決ス
一、規約ノ變更及解散ニ關スル件
二、重要ナル財産ノ處分ニ關スル件
三、豫算並ニ決算ニ關スル件
四、違約處分ニ關スル件
五、理事會並ニ倶樂部員三分ノ一以上ノ賛成ニヨリ總會ノ決議ヲ求メタル事項ニ關スル件

第拾七條　理事會ハ理事長、常任理事及理事ヲ以テ組織シ左ノ事項ヲ議決ス
一、倶樂部ノ事務執行ニ必要ナル細則制定ノ件
二、總會ニ附スヘキ議案ニ關スル件
三、自動車競走會及親睦會開催並ニ之ニ關スル細則制定ノ件
四、倶樂部員ノ加入脱退並ニ除名ニ關スル件

五

資料Ｅ－７

五、競走會ヨリ生スル利益配當及損失分擔ニ關スル件
六、其他總會ノ權限ニ屬セサル一切ノ事項議決ノ件

第拾八條　理事長ハ倶樂部員三分ノ一以上ノ請求アリタル時ハ臨時總會ヲ又理事三分ノ一以上ノ請求アリタル時ハ理事會ヲ夫々開催スルコトヲ要ス

第拾九條　總テ會議ハ出席者ノ過半數ヲ以テ之ヲ決シ若シ可否同數ナル時ハ議長之ヲ專決ス
但シ議員ハ自巳ニ利害關係アル議事ニ關シテハ決議ニ加ハル事ヲ得ス

第貳拾條　定時總會ハ毎年一月之ヲ開キ臨時總會ハ理事會ノ決議其他必要ナル場合之ヲ開催ス

第貳拾壹條　會議ノ議長ハ理事長之ニ任シ理事長事故ノ時ハ常任理事之ニ代リ何レモ事故アル時ハ理事ノ互選ニヨリテ決定ス

六

資料Ｅ－８

第貳拾貳條　會議ノ召集ハ理事長ノ名ニ於テ開催ノ日時場所其他議案ノ概要ヲ記載シタル書面ヲ以テ總會ハ其一週間前ニ又理事會ハ其三日前ニ夫々各員ニ通告スルモノトス

第七章　會計

第貳拾参條　會計年度ハ毎年四月一日ニ始マリ翌年ノ三月三十一日ニ終ル

第貳拾四條　諸經費ハ入會金、倶樂部費、寄附金、競走會開催及其他ヨリ生スル諸收益ヲ以テ之ニ充當ス

第貳拾五條　豫算並ニ決算ニ關シテハ總會ノ承認ヲ經ル事ヲ要ス

第八章　雜則

第貳拾六條　倶樂部員ハ入會ト同時ニ別ニ定ムル倶樂部員名簿ニ其氏名並ニ競走番號ヲ登録スルモノトス

第貳拾七條　登録番號ハ一倶樂部員壹臺ヲ原則トシ貳臺以上出場セシムル場合ト雖モ登録番號以外ノ出場車ニ對シテハ利益配當ヲ爲サザル

七

日本自動車競走倶樂部會則

〔附〕登録番號並ニ倶樂部員名簿

資料E－1

日本自動車競走倶樂部會則

第壹章　組織・名稱・事務所

第壹條　本會ハ左記ノ者ヲ以テ組織ス
一、名譽會員　理事會ニ於テ推薦シタル者
二、正會員　競走用自動車所有者及本會ノ趣旨ニ賛同シタル者

第貳條　本倶樂部ハ日本自動車競走倶樂部ト稱ス

第參條　本倶樂部ハ事務所ヲ東京市本郷區龍岡町二十二番地森田商會内ニ置ク

第貳章　目的及事業

第四條　本倶樂部ハ自動車ニ關スル諸技術ノ向上發展並ニ倶樂部員相互

一

資料E－2

ノ親睦ヲ圖ルヲ以テ目的トス

第五條　本倶樂部ハ前條ノ目的ヲ達スル爲メ左ノ事業ヲ爲スモノトス
一、自動車競走會
二、親睦並ニ自動車ニ關スル諸技術研究ノ爲メ定時ノ會合ヲ爲ス

第三章　加入・脱退並ニ除名

第六條　本倶樂部ニ加入セントスル者ハ會員貳名以上ノ推薦ノ下ニ入會金壹百圓ヲ添ヘ理事會ノ承認ヲ經タル後競走番號ヲ獲得スルモノトス

第七條　本倶樂部ヲ脱退セントスル者ハ其ノ旨本會ニ届出タル上理事會ノ承認ヲ得ルコトヲ要ス

第八條　倶樂部員ニシ左記ニ該當シタル場合ハ理事會ノ議決ヲ經テ除名スルコトヲ得
一、所定ノ期日ニ倶樂部費ヲ納入セサル時

二

資料E－3

二、倶樂部ノ体面ヲ毀損スル行爲アリタル時
三、倶樂部ノ趣旨ニ反シ其他倶樂部ノ統制ヲ乱シタル時

第四章　倶樂部員ノ權利義務

第九條　倶樂部員ノ權利義務ハ入會ニ始マリ脱退ニ終ル

第拾條　倶樂部員中正會員ハ壹ケ年ニ金五圓ノ倶樂部費ヲ理事會ニ於テ決定シタル期日ニ納入スルモノトス

第拾壹條　倶樂部員ハ總會ニ出席シ其ノ議決ニ參與スルコトヲ得

第拾貳條　倶樂部員ハ倶樂部ノ財産ニ付平等ノ權利並ニ義務ヲ有ス
倶樂部解散ノ場合ニ於ケル残餘財産分配並ニ分擔ニ關シテモ亦同シ
但シ倶樂部員ハ本倶樂部解散ノ場合ノ外財産ノ分配ヲ請求スルコトヲ得ス

第五章　役員

三

資料E－4

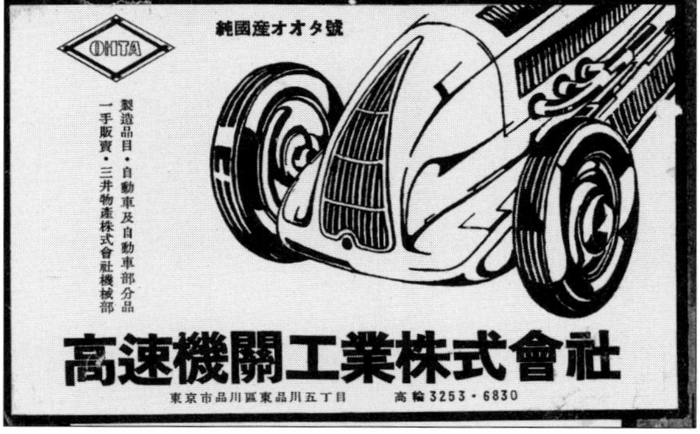

本倶樂部役員

名譽會長　唐原與次
常任理事　榊原郁三
比原松熊
會計　榊原郁三
比原松熊
理事　關根宗次
藤本軍次
矢澤喜六
太田祐雄
森田一郎
藤本軍次
太田祐雄
榊原郁三
森田一郎
木村安治
内山駒之助

一二

資料E－13

日本自動車競走倶樂部會則

第壹章　組織・名稱・事務所

第壹條　本會ハ左記ノ者ヲ以テ組織ス
一、名譽會員　理事會ニ於テ推薦シタル者
二、正會員　競走用自動車所有者及本會ノ趣旨ニ贊同シタル者

第貳條　本倶樂部ハ日本自動車競走倶樂部ト稱ス

第參條　本倶樂部ハ事務所ヲ東京市本郷區龍岡町二十二番地森田商會内ニ置ク

第貳章　目的及事業

第四條　本倶樂部ハ自動車ニ關スル諸技術ノ向上發展並ニ倶樂部員相互ノ親睦ヲ圖ルヲ以テ目的トス

第五條　本倶樂部ハ前條ノ目的ヲ達スル爲メ左ノ事業ヲ爲スモノトス
一、自動車競走會
二、親睦並ニ自動車ニ關スル諸技術研究ノ爲メ定時ノ會合ヲ爲ス

第三章　加入・脱退並ニ除名

第六條　本倶樂部ニ加入セントスル者ハ會員貳名以上ノ推薦ノ下ニ入會金壹百圓ヲ添ヘ理事會ノ承認ヲ經タル後競走番號ヲ獲得スルモノトス

第七條　本倶樂部ヲ脱退セントスル者ハ其ノ旨本會ニ届出タル上理事會ノ承認ヲ得ルコトヲ要ス

第八條　倶樂部員ニシテ左記ニ該當シタル場合ハ理事會ノ議決ヲ經テ除名スルコトヲ得
一、所定ノ期日ニ倶樂部費ヲ納入セサル時
二、倶樂部ノ体面ヲ毀損スル行爲アリタル時
三、倶樂部ノ趣旨ニ反シ其他倶樂部ノ統制ヲ乱シタル時

第四章　倶樂部員ノ權利義務

第九條　倶樂部員ノ權利義務ハ入會ニ始マリ脱退ニ終ル

第拾條　倶樂部員中正會員ハ壹ケ年ニ金五圓ノ倶樂部費ヲ理事會ニ於テ決定シタル期日ニ納入スルモノトス

第拾壹條　倶樂部員ハ總會ニ出席シ其ノ議決ニ參與スルコトヲ得

第拾貳條　倶樂部員ハ倶樂部ノ財産ニ付平等ノ權利並ニ義務ヲ有ス倶樂部解散ノ場合ニ於ケル殘餘財産分配並ニ分擔ニ關シテモ亦同シ
但シ倶樂部員ハ本倶樂部解散ノ場合ノ外財産ノ分配ヲ請求スルコトヲ得ス

資料F

モノトス

第貳拾八條　倶樂部員都合ニ依リ名義変更ノ場合ハ直系親屬ハ之ヲ認メ其他ノ場合ハ理事會ノ承認ヲ経タル後入會金ノ半額ヲ納付セシムルモノトス

第貳拾九條　倶樂部員ニシテ競走會ニ四回以上登録車ヲ出場セシメザル時ハ該當録番號ニ對スル権利ヲ喪失スルモノトス

第参拾條　倶樂部員中登録番號ニ依ラスシテ競走會ニ出場セントスル時ハ其都度理事會ノ承認ヲ受クルコトヲ要ス

第参拾壹條　競走會ニ臨時ニ出場セントスル者ハ其都度理事會ノ承認ヲ受ケ同時ニ所定ノ出場料ヲ納入スルモノトス

第参拾貳條　出場車ノ馬力ハ三十馬力ヲ超ユルコトヲ得ス但シ馬力算定ハ警視廳馬力ニ準據ス

第参拾参條　倶樂部ノ諸會合ニ於テハ代人ノ出席ヲ認メザルモノトス

八

資料E－9

日本自動車競走倶樂部會員名簿

登録番號	住所	電話番号	氏名
	杉並區上荻窪	荻窪二三四〇	唐原興次
第壹号	麹町區隼町	九段二七九八	比原松熊
第貳号	淀橋區戸塚町	牛込五四五五	榊原郁三
第四号	日本橋區浪花町		丸山哲衛
第五号	芝區琴平町	芝二九三〇	関根宗次
第六号	本郷區竜岡町	小石川二九二六	森田一郎
第七号	芝區栄町	芝二一四五	藤本軍次
第八号	王子區稲付高下町	赤羽二五一六	内山駒之助

九

資料E－10

第九号	本郷區元町	小石川四八三五	大隅将匡
第拾号	蒲田區蒲田町	蒲田二〇〇八	矢澤喜六
第拾壹号	小石川區指ケ谷町	小石川五三七六	川越豊
第拾貳号	芝區高輪南町	高輪八六四	飯塚昌宏
第拾四号	芝區愛宕町	芝二四五四	梶外治郎
第拾五号	赤坂區表町	赤坂四五三六	今井義勇
第拾七号	京橋區月島通リ	京橋六八七〇	谷口一雄
第拾八号			
第拾九号	麹町區五番町	高輪六三六九	石井正愛
第貳拾号	静岡縣浜松市元浜町	浜松一〇四九	本田宗一郎
第貳拾貳号	神田區岩本町	浪花一七九六	太田祐雄
第貳拾四号	麹町區内幸町	銀座二八一六	丸山道雄

一〇

資料E－11

第貳拾五号	芝區愛宕町	芝一八五二	市川金四郎
第貳拾六号	神田區紺屋町	浪花一四三	佐久間章
第貳拾七号	赤坂區田町	赤坂一六八七	木村安治
第貳拾八号	本郷區駒込神明町	小石川二七二	藤倉仁亢
第貳拾九号	芝區琴平町		多田健藏
第参拾号	荏原區戸越町	高輪二〇一七	内田光雄
第参拾壹号	世田ケ谷區北沢		三津石六郎
第参拾貳号	品川區東品川		伊澤誠三
第参拾参号	渋谷區道玄坂下		石井喜一郎
第参拾五号	神奈川縣平塚市	平塚二五五	内藤喜代治
第四拾壹号	小石川區仲町		三澤健二

一一

資料E－12

■参考文献

- 日本自動車工業会編『日本自動車工業史稿第2』自動車工業会、1967
- 小林彰太郎、高島鎮雄 特別監修『昭和の日本　自動車見聞録』トヨタ博物館、2013
- GP企画センター編『サーキットの夢と栄光　日本の自動車レース史』グランプリ出版、1989
- 日本小型自動車振興会 編『オートレース50年史』日本小型自動車振興会、2001
- 中部　博『定本 本田宗一郎伝』三樹書房、2012
- 岩立喜久雄「轍をたどる22　戦前自動車競走史-5　多摩川スピードウェイ開幕」「Old-timer No.73」八重洲出版、2003年12月号
- 岩立喜久雄「轍をたどる23　戦前自動車競走史-6　多摩川の国産対決」「Old-timer No.74」八重洲出版、2004年2月号
- 「流線型」流線型社、1951年7月号
- 報知新聞
- 時事新報
- グラヒック
- THE JAPAN ADVERTISER, TOKYO
- 日刊自動車新聞
- 自動車情報

■資料・編集協力（50音順、敬称略）

＜法人・組織＞

大田観光協会
タマチ工業株式会社
トヨタ博物館（五十嵐平達写真コレクション）
日産自動車株式会社
本田技研工業株式会社

＜個　人＞

浅井　貞彦／太田　邦博／小田柿　浩三／小田柿　哲／片山　光夫／小早川　隆治
佐々木　烈／浜　素紀／林　信次／日向野　隆三／福田　匠／藤本　隆宏

編集後記

本書は、藤本隆宏氏、福田匠氏、トヨタ博物館（五十嵐平達コレクション）からご提供いただいた資料を中心にして編集致しました。しかし戦前のレースに関する資料は限られており、当時の歴史をまとめるのは非常に困難な時間のかかる作業でした。本書に記載されている内容に関して補足するべき点や、新たな事実が判明すれば、適切な修正・改訂を加えていくつもりです。この時代に関連する資料・写真などをお持ちの方は、ぜひ編集部にご連絡をお願いいたします。

三樹書房編集担当　小林謙一

あとがき

トヨタ博物館で主に自動車史の調査・研究の勤務をしている頃、私は「多摩川スピードウェイの会」から参加のお誘いをいただいた。「多摩川スピードウェイの会」は、誕生から80周年を迎えた多摩川スピードウェイに関してその意義や場所を後世に伝承してゆこうと考えている有志が集まった会である。日本の自動車史の分野で十数年にわたりトヨタ博物館で研究や調査をしていた私だが、モータースポーツに関する資料が乏しく、この機会にそれらの補完ができればという気持ちと、オオタやダットサンなどのレーサーの開発などに実際に関わっていた当時の関係者の方々のご親族などもこの会に参加されており、話を伺うまたとない機会と考え、入会することにした。その後、名古屋から毎月1回ほどのペースで会合に参加することになった。

予想通り、戦前当時の貴重な話と写真が提供され、回を重ねるごとにさらに資料は集まっていった。会では、それらの資料を用いて、多摩川スピードウェイでの1936年に催された第一回のレース開催から80周年を記念するイベントが企画され、大田観光協会の方が中心になって写真パネルが作成展示された。自動車史について研究している私には、写真にあるクルマやその様子が大変貴重に感じて、三樹書房の小林氏と相談した際に、是非とも書籍の形で後世に残すべきだと提案した。1930年代に開催された自動車レースと言うことで、当時活躍された方はもとより、当時をご存じの方までもが次第に鬼籍に入られる時期であり、この時代に関する調査をするためのタイムリミットが近いと感じていたからである。しかし、集められた多くの当時の写真や新聞資料などを整理し、まとめるのは非常に手間と時間のかかる作業であったが、自動車関係の博物館勤務ということもあり、私が「記録係」の役目に帰着した。多摩川スピードウェイの会をきっかけとして知り合った方々にも、書籍化の趣旨をご説明して、快く資料等に関するご協力をいただくことができた。

この時代のモータースポーツに関する研究がまだまだ不足していた私にとっては、多摩川スピードウェイの会員の方々の知識、また既存の書籍や雑誌の記事などを参考にさせていただき、自らもトヨタ博物館に保管されていた関連資料を調べることにして編纂作業を進めることにした。また文章については、極力専門的にならず、一般の方でも分かりやすく、当時のレースのことを知っていただくことを念頭において執筆した。本書によって日本の草創期のモータースポーツ活動が広く一般の方々に理解され、今後に研究される方の入門書になればと考えている。

アジア地域では最古の常設サーキットとして誕生した多摩川スピードウェイの存在は、単なるレース場というだけでなく、日本の自動車業界の基礎を築き、またその後の発展に大きく関わる方々を輩出したことでも大きな意義のある場所なのである。

この戦前の自動車レースを記録・執筆を本書で上梓することができたが、今後も更なる調査の必要性があると感じている。また本書の後につながる戦後の1950年頃の船橋オートレース場などを舞台としたレース活動に関しても、現在まで当時の記録や記述が少ない時代であり、その空白を埋める調査・研究を継続したいと考えている。

最後に、多忙な中、日本自動車競走倶楽部創立・競走会の中心となった藤本軍次氏のご礼孫である藤本隆宏氏をはじめ、本書執筆に資料のご提供などのご協力いただいた皆様に感謝を申し上げたい。また戦前の報知新聞の記事掲載に関しては、事前に連絡をしてご理解をいただくことができた。執筆に際しては、林信次氏に一部をご協力をいただいている。

さらに、本書の企画・取材・校閲まで全てにご支援いただいた三樹書房の小林謙一社長、山田国光部長に重ねて感謝します。ありがとうございました。

杉浦　孝彦

杉浦 孝彦（すぎうら・たかひこ）

自動車史研究家。1951 年愛知県一宮市生まれ。1974 年武蔵野美術大学産業デザイン科を卒業、同年 トヨタ自動車工業株式会社に入社。デザイン部に所属し、クラウンなど FR 車系のインテリアデザインを中心に担当。2001 年よりトヨタ博物館の学芸グループに勤務し数々の企画展に携わる。2012 年には、同館の館長に就任し 2016 年退職。自動車の歴史分野に造詣が深く、多くの研究論文を発表している。日本自動車殿堂（JAHFA）会員。

日本の自動車レース史

多摩川スピードウェイを中心として

著　者　杉浦孝彦

発行者　小林謙一

発行所　三樹書房

URL　http://www.mikipress.com

〒 101－0051 東京都千代田区神田神保町 1－30
TEL 03（3295）5398　FAX 03（3291）4418

印刷・製本　シナノ　パブリッシング　プレス